你是神子吗？

道格拉斯 G. 汉斯科姆著

廖以撒译

意念成书
维思特威出版社
金士顿·斯布林斯，田纳西州 37082

意念成书
维思特威出版社（WESTVIEW Publisher）
邮箱 605 （P. O. Box 605)
金士顿 斯布林斯，田纳西州 37082
网址：www.publishedbywestview.com

版权：D。G。Hanscomb（道格拉斯 G. 汉斯科姆）
版权所有包括：没有作者的同意，他人不能以任何的形式翻印，藏纳，传递／销，以及在网上窃取此书或书中的章节段落

ISBN 978－1－62880－179－8

第二版： 公元 2016年 8月

我们将以诚信与善意去维护这本书的版权。假如有人未经作者同意引用本书的内容而不提及或引证作者，我们将会给此人写信要求此人在其将来发行的文件里必须提及或引证作者。

美国印刷

献给

带着非常荣幸和愉快的心情,我将此书献给丽丽安·K·布阔姐妹。

她是我的岳母,也是在我人生四十多年里的最为珍贵的女子,最好的朋友与妻子(玛丽·F·汉斯科姆)的亲生母亲。

布阔姐妹是位被圣灵充满的全心奉献给锡安的神子。

她是一位以其善行感动他人,同时给那些没有认识基督复活大能的人伸出援手的姐妹。

在为神而活的六十多年的圣洁的时光里,她以各样的正面方式鼓励了许许多多的人去找着生命的真光。

道格拉斯 G. 汉斯科姆

序言

汉斯科姆主教（Bishop D. G. Hanscomb），犹太人，是《从罗马到耶路撒冷》一书的作者，一位大有神恩膏的使徒和先知。他受过十年正规的天主教的神学院教育，对圣经有刻骨铭心的理解，并且对中国的福音侍奉满腔热忱。通过指出流行在许多基督教会里三位一体论的谬误，他为念圣经的读者提供一个正确的理解圣经的框架，正好给在末世的中国读者指点迷津。这本书，毫无疑问对许多已经接受或未接受了洗礼的中国人都是心灵意念上的春雨。

那么什么是三位一体呢？它的定义写在《圣经字典》里，在这本书的第三章有具体的说明。简单地说，"三位一体" 指的是神性里有三位(神)，父神，子神，圣灵之神，但这三位神具有同一的神性与同等的地位。

圣经是一本有66部书的天书，简言之，绝对真理[约翰福音14章6节]。也就是说，你念圣经必须具备摩西对神祈求的心里[出埃及记34章8节]。假如你抱着你自身的想法去念这本书的话，很抱歉，我要对你说你犯了亚当和夏娃在伊甸乐园吃了禁果后犯下的第一个错误。事实上，只有在耶稣基督灵里重生了的神的儿子才能在圣灵的带领下悟出其中的真谛[约翰福音3章5节]。中国人都知道知父莫若子，神的话只能由他的儿子们给予解释[马太福音11章27节]。

独一的全能的神与人第一次立约是与犹太民族的祖先亚伯拉罕立约[创世纪17章10-14节]，这约全然体现在耶稣基督降世前的39本经书，而这39本书则被简称为旧约。传统的犹太教信奉旧约。传统的犹太教无疑是最古老的独一真神宗教。但旧约不是成全了的犹太教。完全的犹太教必须由救世主成全[以赛亚书9章6节]。

因为神是信实的，这自有万有的造物主[出埃及记第3章14节]，在西奈山上他亲手写

给摩西的十诫是绝对无误。他的第一诫命就是：（在你们的心怀意念与灵性里）
除我之外，你不可有别的神
[出埃及记20章3节]。这一诫更进一步的解释就是除我之外，别无他神
[以赛亚书44章6节]。
因而犹太人的神就是独一（一位一体）的全能的神，永在的父，和平的君，救世主，
也是神的独生子
[以赛亚书9章6节]，但他也是万民的神因为挪亚出了方舟后就祭耶和华[创世纪8章20节，使徒行传28章28节]。请注意，
这里独一的神扮演了父， 子，
策士，以及和平的君的角色。因而新约里的父与子的对话与圣灵的降临，就不再是三个位格而是一位神的显现！
以赛亚书43章10节和11节再次强调他在9章6节的描述：
"耶和华说，你们是我的见证，我所拣选的仆人。既是这样，便可以知道，且信服我，又明白我就是耶和华，在我以前没有真神，在我以后也必没有。惟有我是耶和华，除我以外没有救主。" 请注意， 这里的"我"重复使用多次，神明显对世人说神格（性）里有且仅有"一位一体"，不是"两位一体"

，不是"三位一体"，也不是"多位一体"。我在这讲的"一位一体"中的"一位"指的是道成肉身的耶稣基督，"一体"指的是神性是不可分割，非复合的整体。

只有一个由道成肉身的耶稣基督成全了的犹太教才是你通往天堂的必经之路[以赛亚书9章6节；约翰福音14章6,7节]，别的人造宗教都无法担保你能回到天堂。耶稣基督在马太福音第5章17-18节说："莫想我来要废掉律法和先知。我来不是要废掉，乃是要成全。我实在告诉你们，就是到天地都废去了，律法的一点一画也不能废去，都要成全。"耶稣基督明显成全了旧约的十诫，自然也成全了第一诫和以赛亚书9章6节与44章6节。换言之，耶稣基督是造物主，是独一无二的真神，是父,也是子。事实上，马太福音这段话在路加福音24章44节有重述。据圣经的记载，耶稣基督的讲道都在当时的以色列境内，而他的十二个门徒都是以色列人。并且，他把他的教会（只有一个）建立在他和他的门徒和先知(使徒)之上[马太福音16章17至19节]。显而易见，这个他建起的唯一的使徒教会和他的教义[以赛亚书9章6

节,马可福音12章29至31节,约翰福音14章6至10节,希伯来书9章14至15节,使徒行传2章38节]
就是完全的犹太教。这完全的犹太教并不封闭,耶稣是万民的神[罗马书3章29节],他的福音通过他的的使徒教会必被传至地极[马太福音24章14节]。那么,与使徒教会(完全犹太教)在意念上最接近的无疑是传统的犹太教,因为旧约是新约的像。有兴趣的读者应参看新约的希伯来书。

那么基督教是什么呢?首先我们必须知道基督徒这一称呼由使徒行传11章26节定义,使徒教会里基督的门徒就是基督徒,而使徒教会就是完全的犹太教。假若"基督教"完全按照其意翻译成中文就应被译为"救世主的宗教";但是"救世主的宗教"只能由救世主,完全圣洁的耶稣基督来定义,因为没有任何别的肉身或人子有权柄去给它定义。这定义写在马太福音5章17节,
所以"救世主的宗教"就是完全的犹太教。当今的"基督教"作为一个起源于诞生在公元四世纪的罗马天主教,是由人子定义的,是一个人造(非亚伯拉罕的神)的新宗教!基督教这一名称在末世的近乎二千年里泛用

于非使徒教会。基督教，包括新教在内，都推崇三位一体（似是而非）的教论，而三位一体教论在严格的意义上讲是亵渎神的，因为在圣经里没有讲三位一体，只有一位一体。

三位一体教论其中之一谬误是误用了测量单位的 "位"，神格（性）只有一位。

稍稍学了一点科学的人都知到"三"乃是现象或表象"一"乃是实在〔以赛亚书43章10至11节，

约翰一书5章8节〕。假若一个教会使用圣经又用三位一体教义，那么它事实上给圣经添加了三位一体论，同时又挪去／架空了神在以赛亚书中9章6节以及43章10至11节所讲的话。耶稣基督在启示录22章18至19节已裁决了这类行为。讲白了，这类俗世的基督教会在天国无份。简言之，"基督教"

是冒了耶稣基督名的非独一（一位一体）真神的人造宗教。所以现在流行的基督教会，大多数不是完全的犹太教。

　　中国人很注重传统。并不是所有传统对人都有益处。二十世纪的思想家本杰明•沃尔特在他的《关于历史的概念》第十七章里讲过这么句话："......

凡是那些需要通过历史来理解的具鼓励性的果实都在其内涵盖了时机这个宝贵但无味的种籽。"

任何仅靠着俗世时机结成的果子迟早会烟消云散。

三位一体论不是圣经上的话。事实上，

圣父，

圣子，圣灵是一位一体。许多信教者把三位一体论视为传统。

但这一传统误导了许多信者去接受一个所谓的以圣父,圣子,圣灵的名的洗礼。在这洗礼仪式里，施洗的人子呼叫的是神的头衔，接受洗礼者以为被结净。但是，耶稣基督在约翰福音3章5节以及使徒行传2章38节已经否定了这种仪式的洗礼。假若那些接受了这样仪式性洗礼的人仍然执迷不悟，不去接受从水里与灵里的重生，那么在他的末日的审判，这类人只能面对最高的祭司，而神的裁决的一部分已写在马太福音7章21节。

　　许多信徒在三位一体的教会里看到一些"神迹"后就把这样的教会误认成神的教会。但这些人查看一下马可福音9章38节至41节就当知道这些不属于他的教会有时也有"神迹"的可能。

请看清楚了，这些教会不是他的独一教会[马太福音16章17节至19节]。在这些教会里肉身的人子不是能回到天国的神子。至于他们能得到什么奖赏只能由父决定。但人子赶鬼不一定能成的，有些甚至受到魔鬼追打[使徒行传19章15节至17节]。使徒保罗在以弗所书6章10节至18节的那段话是对所有追求神的人一个严厉的警告。里面一段话常被人子忽略，那就是6章16节："此外又拿着信德当作藤牌，可以灭尽那恶者一切的火箭。"所有非亚伯拉罕（一位一体）真神的信仰者事实上是没有这藤牌。这些没有正确信德的人子自然也没有了公义这护心镜，因为这些人子并未在耶稣基督里称义。所以当撒旦向这么个人子只要射一箭，这人就遭地狱之火焚烧，因为这火是由地狱点着，而撒旦正是纵火犯[雅各书3章6节]。这本书里有两个人子为例。一位是宗教改革者马丁•路德，当撒旦把仇恨之火扔进他的内心，他则宣告不杀犹太人是个过错。另一位是宗教改革领袖约翰•加尔文，当怨毒之火攻进他的内心，他和恋童癖的教皇起了恶毒的杀念把独一真神的斗士塞尔维特用慢火煎死。小心！这俗世如同以弗所书6章12节所述，是个残忍的世界因为撒旦掌控着它。

那么三位一体的教会为什么那么多?。我在此只给大家一点启示。从历史的观点上讲，每个民族都在一定程度上热衷于传统，对新的外来的影响都要通过其文化传统吸收或嫁接这些影响，简言之，就是"同化"这些影响。举两个例子。印度的佛教只有释迦牟尼一个佛，但当印度佛教被中国人吸收同化后就有了中国佛教与在其中的许多佛。特土良在公元二世纪借鉴印度教的三位一体的神提出了关于神格的三位一体论。在特土良离世百年之后，
这三一论被以多神论为宗诣的罗马帝国采用。这帝国的皇帝就建造了以基督与圣母为名又具备三位一体教义的天主教，
并且还在其漫长的历史岁月中冠冕了许多"圣人"。这些人造宗教在人类历史中走过了至少一千年，他们都披上了文化传统的袈裟成了许多人的传统衣钵。而传统往往是最迷人的最让人在心怀意念里容易穿戴的袈裟。有了这让人迷糊的传统的袈裟，肉身的人子往往没有认识到他们穿戴的袈裟不是婚宴的服饰而是"皇帝的新衣"
[马太福音22章12节，
哥林多后书5章3节]，而这婚宴的礼服来自耶稣基督[加拉太书3章27节]。

千万注意不是任何一个教会的洗礼都能让你成为神的儿子，让你能回到天国[马太福7章13节-22节]。你必须找到他的(使徒)教会，找着看管窄门的掌门人彼得[马太福音7章14节]，并且得着那去天国的钥匙[使徒行传2章38节]。记住了洗礼意味着一个人从水里与圣灵(天父)里重生，作了神的儿子。哪有作儿子不叫父的名？因为天下没有任何人能靠着别的名得救，得着重生，所以一个有效的洗礼必须呼叫神的名，耶稣基督[使徒行传2章38节，4章12节]。在中国文化里，说某某人连他亲生父亲的名都说不出来可是一句骂人的话。作为译者，我诚心希望所有读者能领悟作者在耶稣基督里对你们的爱心与劝勉，因为这本书对圣经的栓释来自圣经。

中国人是最爱打破沙锅问到底的民族。那么讲实在些，圣经到底对一个寻求者最终的用处何在？神通过圣经寻找他所有迷途的儿子。任何一个人完完全全按照圣经的指导寻找神，就必定找到他

[马太福音7章7节]。找到神的人就找到了永生的父，就成了永生神的儿子。在这永生的父里面，所有神的儿子找到生命的意义，奥秘，知识，智慧，和各种从神而来的恩赐[哥林多前书12章7至11节]。你想知道你是神的儿子吗？你想知道怎样成为神的儿子吗？

所有地上的信仰
(真实的耶稣基督信仰除外)
全依赖个人想法或传统或地上的智慧寻求出路。神在以赛亚书55章9节说："天怎样高过地，照样我的道路，高过你们的道路，我的意念，高过你们的意念
。"那么怎样才能找到他的道路？耶稣基督行在地上时讲了很重要的一句话[约翰福音14章6节]："我就是道路，真理，生命。若不借着我。没有人能到父那里去。"
那么怎样才能到父那里去？耶稣基督对当时的犹太人的教师尼哥底母启示了打开天国的钥匙[约翰福音3章5节]："耶稣说，我实实在在地告诉你
，人若不是从水和圣灵生的，就不能进神的国。"
那么在哪里能得着重生？神通过他的使徒彼得说[使徒行传2章38至39节]："你们各人要

悔改，奉耶稣基督的名受洗，叫你们的罪得赦，就必领受所赐的圣灵。因为这应许是给你们，和你们的儿女，并一切在远方的人，就是主我们神所召来的。"

这是一个白白的恩典，你只要信耶稣基督接受他的门徒(神子)的洗礼就行。人不仅不损失任何的东西并且得着人自身无法想像的永生。这正如约翰福音17章3节所述："认识你是独一的真神，并且认识你所差来的耶稣基督，这就是永生。"

在此我必须重申这里的"认识"是相互的，不是一厢情愿的认识。

　　我遇到过许多中国人的"基督徒"。在我的印象里他们当中相当一部分认为信基督教就是信神。他们实实在在是本末倒置了，因为一个人只有在末日之前找着犹太人的神之后,才知道他的信是否是真的！

很多人认为基督徒就是相信基督教的人，事实上这完全是一个误解。自称基督徒的人大多既不属于使徒教会，

也不是圣经使徒行传定义的基督的门徒。

　　有些读者可能会说译者与作者在此鼓吹使徒教会的"理论"。在此我们必须作些说明。首先，

"使徒教会"就是他的独一教会；第二，我们对神的话的解释只靠着圣经并不依赖别的"理论"，
因为神的话就是他的教会的基石[以赛亚书44章6至8节,诗篇102章25至27节]。
任何与耶稣基督的话不一致的神学理论最终全都是风中的尘埃[马太福音24章35节]。兄弟姐妹们，千万不要做了俗世小学的俘虏[歌罗西书2章8节，加拉太书4章9节]！

我们在此郑重作一点声明。这书是献给那些真想在心怀意念里有飞跃性突破的读者。因为约翰福音10章26节至29节和马太福音25章31节至46节记录了耶稣基督以绵羊与山羊作比喻的讲话,我们诚心希望，至少部分勤劳勇敢的炎黄子孙,
在这末世的末了把握这最后一场浇灌圣灵的春雨,得着从水里与灵里的重生,成为神圣民族君尊的祭司[出埃及记19章4到6节,以赛亚书66章21节，彼得前书2章9节]。

译者：廖以撒(Isaac Liu)

    耶稣基督的祭司

内容

序言 v

第一章：神子与人子 1

第二章：三位一体教条 53

第三章：信条与21次大公会议` 79

第四章：回归他的独一教会 97

第一章：神子与人子

在这里我将尽力区分"人子"（由人肉身生的儿子）
与"神子"（从圣灵生的神的儿子）这两个对立的概念。
假若我们要理解圣灵在世界历史上所驱动的进展，我们必须阐述那些朽坏的人子（肉身之子）是怎样一而再，再而三地阻挠圣灵在人类末世的工作。我们将看到神的意愿在他所造的人里遇到的挑战。

在我们谦卑地更进一步理解亚伯拉罕的独一真神，神的教会以及神的教义之前，请各位把我们的人生经历完全坦然无惧地交托在神的面前，因为我们在寻求他给我们灵性上的指引。

就像打开历史的长河为人所鉴，我们必须从严谨的学术观点查考"无暇的使徒承传"。这承传写在罗马书8章14节："凡是被圣灵带领的都是神子。"

那么谁是神子，谁是人子呢？要成为神子，这人首先必须在灵里重生。当神在创世纪第1章26节里说"让我们来造人"，他不是自言自语也不是对另一个位格在说话，他是对在造这世界之前已造了的天使（神子）们说话。他说："我们要照着我们的形像，按着我们的样式造人。"

所有的天使都是神子因为他们都是神造的。因为神在创造这世界前已经造了天使，所以他就是天父，就是全能的神，或者说他是最初的，也是最终的。这正是耶稣基督的弟子约翰在拔摩海岛上记述的："主神说，我是阿拉法，我是俄梅戛
（阿拉法，俄梅戛，乃希腊字母首末二字），是昔在今在以后永在的全能者
（启示录1章8节，22章13节）。"

耶稣在约翰福音8章58节对他同时代的犹太人说"在亚伯拉罕之前，就有了我"，他用亚伯拉罕来做比较是因为与他对话的犹太人提出他们的先祖亚伯拉罕。因为他是道成肉身的全能的永生的父，他也可以说"在造天使前，就有了我"。

那么我们不能混淆了全能的父与他的造物主角色因为他在对我们显现他是一个造物主之前，他已经是全能的父。

我们知道，在永恒的天国，时间不是神造世的参量
(译者:或者说物理世界普适的因果效应在天国失效)。当摩西在创世纪1章1节里说"起初神……"，他指的是作为一个会死的肉身，人知道叙事都需有始终。

因此"起点"与"终点"这两个时间术语在天国已被神抹去因为在永生里既无起点也无终点。
当我们讲全能的父，我们指的是"我是阿拉法，我是俄梅戛"。父道成肉身来到世间就是耶稣基督。

亚伯拉罕的神对世人的三个显现就是：

1。全能的父作为造物主

2。全能的父作为救世之子

3。全能的父作为在我们内心的圣灵

创造万物之父是全能的神；救赎世人的圣子是全能的神；圣灵也是全能的神。

因而在伯利恒城，亚伯拉罕的独一真神在伯利恒降生成了与我们同在的神或称为以马内利。在迦尔瓦略山（也称作各各他）的十字架上，他成了为我们赎罪的神。在他升天后的五旬节的最后一天，他成了在我们内心的神，我们荣耀的希望。

特土良（公元155 至 公元220 年）是第一位在教会里使用拉丁文的"人"与"物质"描述全能的神。从那时起，这些字眼被误用于解释神的本质。

当我们讨论有关人的事情，我们就在讲某（一位）人，这（一位）人，那（一位）人，或者多（位）人。 事实上，在亚伯拉罕的神的本体里不存在三位(三人)，也没有象摩门教奠基人约瑟夫史密斯所信的三位神。耶和华就是神，他知道没有别的神。耶稣基督的门徒约翰在约翰一书5章7节是这么描述神的："在天国里有父，真道，与圣灵显现记录：这三就是亚伯拉罕的独一真神。"（译者：请参看约翰福音14章9节）

门徒约翰在此并不是说有三位神或者三个独立的位格。他在这记录的是(全能)神的行动(表象)：造物之父，道成肉身的救赎之子，和圣灵。

在公元第一世纪初期的使徒教会，大多数经历了"新生"(在水里和灵里重生)的门徒是活在父，子与圣灵里。他们都是生在耶稣基督之前的犹太人并且知道造万物之父就是神。他们逐渐了解到耶稣基督是救世主并且在五旬节的那天被圣灵充满。他们确信耶稣基督就是全能的父道成肉身，即是以马内利。

近代以色列的一位囚犯在监狱的地板下挖出一块精制的马赛克艺品的一角。

这地板经考古学家考证是在地上最古老使徒教会的教堂所在处。这个教堂比起公元四世纪多神论的罗马帝国由康斯坦丁大帝所定的基督国教（天主教）至少要早好几十年。

在十字架盛行之前，鱼的图案作为早期使徒教会的教徽，也镶嵌在这马赛克工艺品上。刻在这马赛克上还有一位给这教会捐献祷告坛的女使徒的名。在这地板上仍可找到"献给神耶稣基督"的刻字。

这全能的神就是阿拉法也是俄梅戛，就是道成肉身的耶稣基督，就是我们接受圣灵的洗礼后进入了我们肉身的独一真神。
这正如歌罗西书第1章节27至28节叙述的："神愿意叫他们知道，这奥秘在外邦人中有何等丰盛的荣耀。就
是基督在你们心里成了有荣耀的盼望。我们传扬他，是用诸般的智慧，劝戒各人，教导各人。要把各人在基督里完完全全的引到神面前"。

　　第一次我去使徒教会，神就给了我他道成肉身的启示。在以赛亚书里，我们可以非

常清晰的看到神与以赛亚的对话。神对他自己的身份是非常坚定的，并且用以赛亚9章6节打消人对他绝对权柄的怀疑：因有一婴孩为我们而生，有一子赐给我们。政权必担在他的肩头上。他名称为奇妙策士，全能的神，永在的父，和平的君。"

对于第一世纪使徒教会从圣灵里重生神子们来说，耶稣基督就是

1. 奇妙无比的救世主

2. 伟大的策士

3. 全能的神

4. 永在的父

5. 和平的君（译者：
   这"君"是君临天下的"君"）

假如这道成肉身的子不是全能父的肉身的显现或者说这子不是"阿拉法"（最初的）也不是"俄梅戛"（最终的），那么神为什么让以赛亚说这孩子就是全能的父？

天使是由圣灵造的，都是神子。有一天，神问约伯当天地被造的时候你在哪里？要知道神是谁，人必须走出"时间起点"的束缚因为神是永生的，无始无终的
（简言之，他是超越时空的超自然的，因果关系在天国里不成立）。

约伯记第38章4至7节是这么写的："我立大地根基的时候，你在哪里呢？你若有聪明，只管说吧。你若晓得就说，是谁定地的尺度？是谁把准绳拉在其上？地的根基安置在何处？

地的角石是谁安放的？那时晨星一同歌唱，神的众子也都欢呼 。"

亚当，第一个人，是神的儿子因为他不是从肉身生的而是从灵里生的。

　　路加福音3章程38节是这么叙述的："以挪士是塞特的儿子，塞特是亚当的儿子 ，亚当是神的儿子 。"

所有亚当和夏娃的后裔在圣经里都称为人子因为他们都是从肉身生的而不是灵里生的。

我当年在天主教会的时候，我被教导且对他人传授两种罪：一种是死罪，另一种是可饶恕的罪。事实上，在神眼里无所谓大罪或小罪，人只犯了一个罪：不顺服神。

在美丽的伊甸园，哪有什么罪？是我们吃禁果的罪还是我们不听他的呼唤？如果亚当和夏娃顺服了神，他们就不会去吃那禁果了。假若以色列人顺服了神，摩西也不需要上西奈山去取神手指刻在两石板上的十诫。

亚当和夏娃不顺服神被记录在创世纪3章8至9节："天起了凉风，耶和华神在园中行走。那人和他妻子听见神的声音，就藏在园里的树木中，躲避耶和华神的面。耶和华神呼唤那人，对他说，你在哪里。"

当我们经历使我们焕然一新的重生(新生)，圣灵进驻了我们里面，不顺服神在我们的心性内再找不着寄生的空间也不再能主宰我们了。

罗马书6章14节对此有很好的叙述："罪必不能作你们的主。因你们不在律法之下，乃在恩典之下。"

驻在我们肉身宝座里的亚伯拉罕独一真神的圣灵，作为我们圣洁的种子，并不让我们与世俗或与神道相背的事相冲突而是给我们提供一个战胜这些挑战的途经。哥林多前书10章13节有清淅的阐述："你们所遇见的试探，无非是人所能受的。神是信实的，必不叫你们受试探过于所能受的。在受试探的时候，总要给你们开一条出路，叫你们能忍受得住。"

当我们荣幸地成了在基督里得着新生（重生）的新人，罪不再是我们身份的一部分。但是我们的肉身是在罪里生，在邪恶的俗世里成形，这正如犹太民族的大卫王在诗篇51章5节所说的："我是在罪孽里生的。在我母亲怀胎的时候，就有了罪。"约翰一书1章10节也有类似的描述："我们若说自己没有犯过罪，便是以神为说谎的。他的道也不在我们心里了。"

使徒保罗在罗马书3章23及24节对得着基督的"罪人"有明了的阐述："因为世人都犯了罪,亏缺了神的荣耀。如今却蒙神的恩典，因基督耶稣的救赎，就白白地称义。"

我们所有人无可置疑在重生前都是不顺服神的，并且在公正的天平上一称都有亏欠。

神总是给人有选择的自由。假若我们选择侍奉他，那么我们必须一心一意地侍奉。请注意：得着了新生的人是有能力不听他的，但后果就是这不顺服他的人等于亲手把基督再钉上十字架。

希伯来书6章4至6节对此有更完整的阐述："论到那些已经蒙了光照，尝过天恩的滋味，又于圣灵有分，并尝过神善道的滋味，觉悟来世权能的人，若是离弃道理，就不能叫他们从新懊悔了。因为他们把神的儿子重钉十字架，明明地羞辱他"。

在现世不完美的人生路上，我们作为被神的羔羊宝血赎了罪的基督徒必须充分意识到我们决不能再犯罪。

"不完美"在此不能与"不顺服神"混为一谈，也不能被当作满足肉身欲望的藉口。"说谎"不是"不完美"，说谎就是不顺服神，我们清楚知道所有说谎者命运的结局。我们应该时时刻刻藏身于十字架的影子里。

以赛亚大约在耶稣基督诞生七百年前在他所著的的以赛亚书6章12与13节就预言了以色列民族将偏离正道，但神在少数以色列人的心田里植下了圣灵的种子："并且耶和华将人迁到远方，在这境内撇下的地土很多。境内剩下的人，若还有十分之一，也必被吞灭。像栗树，橡树，虽被砍伐，树种却仍存留。这圣洁的种类在国中也是如此"。

当门徒约翰提起这圣灵的种子时，他并不是在讲一般人认为的贞洁，他在指的是藏于人内心里最可贵的东西，
也就是他在约翰一书3章6，8，9节所讲的圣灵的种子："凡住在他里面的，就不犯罪。凡犯罪的，是未曾看见他，也未曾认识他。犯罪的是属魔鬼，因为魔鬼从起初就犯罪。神的儿子显现出来，为要除灭魔鬼的作为。凡从神生的就不犯罪，因神的道存在他心里。他也不能犯罪，因为他是由神生的"。

门徒彼得提过人能经历两类不同的种子。可朽坏的肉身是从亚当遗传下来的种子，那永垂不朽的是属神的圣灵的种子。这正如彼得前书1章23节所述："你们蒙了重生，不是由于能坏的种子，乃是由于不能坏的种子，是借着神活泼常存的道"。

所有罪人与基督徒都必须清楚地知道：我们没有无条件地侍奉神并不是因为我们曾做过一些善事，而是全能的造万物之主怜悯了我们。

耶稣基督，最高的祭司，也是救世的赎罪羔羊，通过使徒保罗的口在罗马书6章20与21节里警诫了罪人和乐意跟随他的基督徒："因为你们作罪之奴仆的时候，就不被义约束了。你们现今所看为羞耻的事，当日有什么果子呢？那些事的结局就是死"。

保罗--
在圣灵的恩膏下写了半部新约的使徒--
在罗马书5章8节用英文过去时讲"我们"。他无疑时指过去的我们也包括了过去的他自己："惟有基督在我们还作罪人的时候为我们死，神的爱就在此向我们显明了。"

在使徒保罗经历了重生后，他对罗马人以上讲的也针对他自己吗？当他论述他成了基督徒后的生活，他并不是在说自己是(仍在灵性上)犯罪的基督徒。

在提摩太前书1章15节，他是这么说的："基督耶稣降世，为要拯救罪人。这话是可信的，是十分可佩服的。在罪人中我是个罪魁。"

保罗在这里告诉罗马帝国公民,神以除去罪魁的罪为例,展现他能用宝血洁净所有人的罪的大能。在紧接的下一句(提摩太前书1章16节)，保罗说："然而我蒙了怜悯，是因耶稣基督要在我这罪魁身上，显明他一切的忍耐，给后来信他得永生的人作榜样。"

过去作为一个取人喜悦的罗马天主教徒，我发觉我常跪在凡人的教士前让他们赦免我的过错。

四十五年前的某一天,我跪在使徒教会的祭坛前面向最高的祭司耶稣基督。
我发觉我的叛逆与不顺服的灵立即从我身上被提走并被扔到九霄云外。从那一刻起，我再也没有回头。

我理解我今天可能从灵性上一个独特的角度接近你（读者），但一个挥之不去的问题总需要一个答案。假设我们这些经历了新生（重生）的基督徒仍然活在罪里，那岂不是意味着在一句话工夫里造出宇宙的神没能力让那些爱他的人与罪割离？这岂不是说他在十字架上的宝血白流了吗？

作为被圣灵充满了得基督徒，我们很清楚知道神来到世上要让我们脱离罪的束缚，而不是让我们带罪得救。难道我们真的需要（犯）罪？绝对不是！哥林多后书5章17节对此有明了的阐述："若有人在基督里，他就是新造的人。旧事已过，都变成新的了。"

我们本都是人子（肉身生的），但我们因着基督在十字架上宝血介入我们的重生成了神子。

三分之一天使被赶出天国，就像亚当与夏娃从神为他们准备好的美丽的伊甸园被逐出一样。

耶稣基督是人子也是神子因为他是灵生的也是马利亚生的。他有人性亦有神性。路加福音1章35节对此有确切的描述："天使回答说，圣灵要临到你身上，至高者的能力要荫庇你。因此所要生的圣者，必称为神的儿子。"

关于神性，人必须分清耶稣基督是以人的身份还是以神的身份讲话。马太福音16章13节有论述："耶稣到了该撒利亚腓立比的境内，就问门徒说，人说人子我是谁。"

神的救世计划就是要人子重生，不是要人重新投胎而是要人在圣灵里重生成为神子。我曾是罗马天主教徒，我讲这话并不是意在攻击天主教，意在指出所有人造基督教的谬误（译者：如马太福音16章17-19所述，耶稣基督只建了一个教会）。约翰福音1章12与13节说的很清楚："凡接待他的，就是信他名的人，他就赐他们权柄，作神的儿女。这等人不是从血气生的，不是从情欲生的，也不是从人意生的，乃是从神生的。"

我们务必完全肯定新约圣经里神的话是由经历水里和灵里重生了的神子们写的。

所以神的话只能由经历了重生的神子解释。
新约的主题无疑是
(从水里和灵里)重生(译者：因为他是救世主)！

　　使徒教会的弟兄坚信圣经是神子由圣灵启发写的,是圣洁,纯真,无暇的。
因而不是神子的人子没有合法的权利去正确解释神的话。

　　教会的名称不能拯救你。拯救你的是你经历的从水里与灵里的重生。初期的基督教会是在神的教义里耶稣基督的
(独一)教会，圣徒们在这么一个的教会里在喜乐中得着五旬节重生的经历（译者：
参看使徒行传2章1至4节）。

两千多年前耶稣基督降生到世上，他来的目的是让他的迷途的子女能经历重生回到天国。他这么做，
使我们这些造的比天使要低一点的人在回到天家的那天能与天使等同。这正如希伯来书2章7节所述："你叫他比天使微小一点（或作你叫他暂时比天使小）赐他荣耀尊贵为冠冕，并将你手所造的都派他管理。"

当一个人经历了重生，他就是一个在耶稣基督里的新人。圣经在哥林多前书5章17节指出旧事已过，这人完全变作新的人。路加福音20章36节对这新人有明确的叙述："因为他们不能再死。和天使一样。既是复活的人，就为神的儿子。"

要成为一个基督徒或者耶稣基督的追随者，经历从水里和灵里的重生是必要条件。假如我们选择成为基督的使徒，那么我们里里外外都要与使徒一样。我们必须小心谨慎地将自身献作活祭如同耶稣带着博爱和怜悯之心让自身被钉死在十字架上那样。

人为基督教对历史裁决的表述不是真实的裁决。基督对历史的裁决已有定论，这定论让在真理回响的天国更令人向往。

真理已经经历了时间的历炼将巍然屹立。因而存在于一个有瑕疵的教会联盟远远要比冒险地离开它好的多。

圣洁就像预言。它不从凡人开始，不从人的内在开始，也不从某人的外在开始。当神在我们接受了圣灵的洗礼之后进住在我们的肉身里，我们就成了圣洁的承继者，而圣洁是神的属性。

圣洁应当被看作是神在我们里面的属性，而不是我们从忏悔的祭坛前带回来的繁重的轭。那样，圣洁也就属于我们的身份。这个在我们生命里的标志不仅说明我们是新造的人也让我们有了神圣洁的形象。

马丁·路德，这个十六世纪的宗教改革者，一度曾是罗马天主教奥古斯丁会的僧侣。他写给教皇里奥十世的九十五个专题的第三个里提到："这不仅仅是内在的悔改，因为没有带出个人行为转变的内在悔改就是自欺欺人了。"

在这充斥了人造基督教会的俗世,着重宣讲绝对真理是绝对要紧。一个没有神同在的殿堂不是神的殿堂。所有那些为权贵而立的直冲云霄的天主教的殿堂，没有了圣灵的同在，就成了潦落的历史遗物。因而这些殿堂无异与别的人造宗教建筑，大多数人在这样的殿堂里称颂别的神或偶像。

皇帝狄奥多西一世宣告三位一体论为罗马帝国民法，为诞生于公元四世纪的人造基督教奠定了基础。这人造基督教（罗马天主教）是政治权势与部分使徒妥协的产物。

这人造的基督教注定将在午夜的一刻嘎然而终，让它的领头在惊愕中陷入死一般的寂静；而由有耶和华恩膏的神子们带领的纯洁的使徒教会，神的唯一的教会（译者：参看马太福音16章18节），注定会全然得胜。

没有人能完全理解基督教，直到这人能理解耶稣基督对他自己的教会以及传统犹太教徒的警告。

从严谨的诠释学的角度，当一个人研读神对他自己教会的要求，这人必须对耶稣关于宽广以及窄直的路的讲话有深层次的探索才能理解其意义。马太福音7章13至15节与21节至23节有基督警世的话语："你们要进窄门。因为引到灭亡，那门是宽的，路是大的，进去的人也多。引到永生，那门是窄的，路是小的，找着的人也少。你们要防备假先知。他们到你们这里来，外面披着羊皮，里面却是残暴的狼。凡称呼我主阿，主阿的人，不能都进天国。惟独遵行我天父旨意的人，才能进去。当那日必有许多人对我说，主阿，主阿，我们不是奉你的名传道，奉你的名赶鬼，奉你的名行许多异能吗？我就明明地告诉他们说，我从来不认识你们，你们这些作恶的人，离开我去吧。"

请注意13节里的"多"和22节的"多"指的是同一类人。那么他们是谁呢？他们就是领着一大群人穿过宽门走在大路上的自称为基督门徒的人子们。

为什么这些在使徒教会之外的人要叫主啊,主？耶稣基督在这指的是那些没有真实基督徒身份,但企图与亚伯拉罕的神拉上关系的人子们。

耶稣基督仅有一个不变的救世计划，这计划是由其肉身被钉死在十字架上成就的。他嘹亮的警世之言在以色列的山谷以及那些要进入天国的人的内心里回响。约翰福音10章1至2节是这么说的："我实实在在地告诉你们，人进羊圈，不从门进去，倒从别处爬进去，那人就是贼，就是强盗。从门进去的，才是羊的牧人"。尽管耶稣基督自己是门，

也是牧羊人
[约翰福音10章7节和11节],在这句话中的"牧人"也指别的牧者,就是那些走进了基督这永生窄门的使徒教会里的牧者。

我们务必抛弃我们在世俗的旧服换上结婚的新装。在马太福音22章11至13节,耶稣重点地声明了那些未经历重生而披戴了基督的人子们的结局:"王进来观看宾客,见那里有一个没有穿礼服的。就对他说,朋友,你到这里来,怎么不穿礼服呢?那人无言可答。于是王对使唤的人说,捆起他的手脚来,把他丢在外边的黑暗里。在那里必要哀哭切齿了"。

作为经历接近冰冷午夜黑暗的在耶稣生命册上的人,我们必须仔细斟琢马太福音的这段话。

我们常有这么一种心态认为走在宽广大道上的人子与亚伯拉罕的独一真神不相关。这想法不完全正确。

这较少行人的路对多数人是明显的而不是隐蔽的。这路上走着的是那些听见神的呼唤紧跟他的救世计划的耶稣的门徒。然而那多数人走的路并不是显而易见的，我们需要对它做些解释。

　　尽管犹太人的历史并没有特别地勾画出这条路，但同样内涵来自两个希伯来字，一个是用在创世纪1章1节的"神"（英直译为Alhim 而意译为 God），一个是用在出埃及记3章14节的由四个希伯来字母组成的字"(Tetragrammaton)"自有万有的我"（中也译为"耶和华"），都代表了神的"道，而这"道"在救世主一耶稣基督"道"成肉身来到世上几千年之前就为人所知了。

　　嫩的儿子约书亚，作为继摩西后的以色列人的领袖，决定在他有生之年一心一意地侍奉神。他在约书亚记23章2至3节是这么记述的："就把以色列众人的长老，族长，审判官，并官长都召了来，对他们说，我年纪已经老迈。耶和华你们的神因你们的缘故向那些国所行的一切事，你们亲眼看见了，因那为你们争战的是耶和华你们的神。"他在紧接着的24章15节里说："若是你们以事奉耶和华为不好，今日就可以选择所要事奉的，是你们列祖在大河那边所事奉的神呢？还是你们所住这地的亚摩利人的神呢？至于我和我家，我们必定事奉耶和华。"

先知约伯与约书亚一样把自身的生命融入神的意愿。尽管他灵魂之敌（撒旦）拼命地要把他拉下地狱，但他的脚仍巍然不动站在那窄而直的永生之路上。约伯记13章15节有约伯的表白："他必杀我。我虽无指望，然而我在他面前还要辩明我所行的。"

一方面我们可以看到犹太教内有一部份人绝对无条件地事奉永生的独一的真神，另一方面我们也看到别的犹太人选择了大多数人走的宽松的导致死亡的路。这样不顺服神的教诲早在以色利人呼求神的道之前就有了。

当神在旧约和新约里说的那些不顺服的灵魂，他不是指跟随非利士人魔王的假先知，或腓尼基人的巴力神的支持者，或印度教的教士，也不是指佛教的方丈。神在圣经里指的是那些声称自己是亚伯拉罕独一真神的追随者。

事实上在雅各的名改为以色列之前,以扫,为他自己选择了一条与神意愿相悖的路,一头栽进了黑暗的深渊。他似乎在某一刹那小气地意会到当一个人不靠神而靠着肉身的力量依赖着宽松大道上的牧场来喂养自己,他最终失去了更珍贵的东西。以扫失去了长子的继承权(译者:
神对世人的祝福由他弟弟以色列族人释出)。这宽松大道对寻求肉身快乐的人在某一瞬有魔幻的魅力但实际上得着这快乐的代价难以估量。创世纪25章33节与34节记载了以扫出卖其长子的承继权:"雅各说,你今日对我起誓吧。以扫就对他起了誓,把长子的名分卖给雅各。于是雅各将饼和红豆汤给了以扫,以扫吃了喝了,便起来走了。这就是以扫轻看了他长子的名分。"

  在希伯来人的历史里,做祭司的利未人是雅各与利亚的第三个儿子利未的后代。尽管他们宣称有神的形象,但仍然被发现走上了那导致死亡的宽松的大路。
摩西在申命记31章24至27节警告过利未人:"摩西将这律法的话写在书上,及至写完了,就吩咐抬耶和华约柜的利未人说,将这律法书放在耶和华你们神的约柜旁,可以在那里见证以色列人的不是。因为我知道你们是悖逆的，是硬着颈项的。我今日还活着与你们同在，你们尚且悖逆耶和华，何况我死后呢？"

由以上圣经的描述，我们明显看到人生有两条路。一条是摩西走的，另一条是利未祭司走上的导致死亡的宽松的大路。这两条路至今仍为犹太民族敞开。

针对那些自称是他的追随者，
但实际上不接受他教诲的人，
耶稣基督使用了强有力的言词。神是不变的，而人的历史总重演同样的把戏。
因为神对每一个信他的人都有他的意愿，所以一个人简单地说自己相信耶稣基督是不够的。约翰福音8章31节与32节对这点的阐述："耶稣对信他的犹太人说，你们若常常遵守我的道，就真是我的门徒。你们必晓得真理，真理必叫你们得以自由。"

亚伯拉罕的独一真神通过道成肉身的嘴对那些自夸是亚伯拉罕独一真神跟随者说出他们的真实身份。约翰福音8章44节记录了这段话："你们是出于你们的父魔鬼，你们父的私欲，你们偏要行，他从起初是杀人的，不守真理。因他心里没有真理，他说谎是出于自己，因他本来是说谎的，也是说谎之人的父。"

那么一个人可能自称为耶稣基督的门徒但实质上其父是魔鬼？绝对可能！

虽然人造的基督教已被实施与教化这世界千百年了，但它注定在这末世的午夜末时化为乌有使得它的领导们陷入惊恐之中。

没有经历重（新）生的人不能全然理解神的道。经历新生不是关于解读圣经而是关于经历神对人的启示。提摩太后书3章7节与5节对此有说明："（这等人）常常学习，终久不能明白真道。有敬虔的外貌，却背了敬虔的实意。这等人你要躲开。"

耶稣基督在马太福音第7章所讲的窄门的小路与宽门的大路是反向的。这两条路,不会通过人造的(普世)大公教会联盟合并成一条。那些受人子领头教会蒙骗的，还

知道真理的,但真诚渴求他的人，最终将挣脱人为的哲学，意识形态，以及人造神学的束缚，

去热情拥抱那从耶稣的使徒教会得着的水里与灵里的重生。

神子们,在摒弃那些由宗教之灵带来的传统和仪式的同时,将那穿透历史重重迷雾的绝对真理之光高高举起。提摩太前书2章3至5节给了很好的描述:"这是好的,在神我们救主面前可蒙悦纳。他愿意万人得救,明白真道。因为只有一位神,在神和人中间,只有一位中保,乃是降世为人的基督耶稣。"

在这末世的最后一小时,
我的心与所有得着新生(重生)的神子们一起跳动。

理解到地方教会/教堂不能被置于福音之上,
耶稣将压倒在每个地方教会的小我,拆除人为地隔离各个团契或地方教会的围墙。耶稣在约翰福音10章16节以及17章21与22节给他的教会制定了要求:"我另外有羊,不是这圈里的。我必须领他们来,他们也要听我的声音。并且要合成一群,归一个牧人了。使他们都合而为一。正如你父在我里面,我在你里面,使他们也在我们里面。叫世人可以信你差了我来。你所赐给我的荣耀,我已赐给他们，使他们合而为一，像我们合而为一。"

约翰·麦克雷(1872-1918)是一位在加拿大蒙特利麦吉尔大学医院的医生。他曾在第一次世界大战时在法国担任医务所所长。1915年，他作了一首诗悼念在弗兰德斯战场为理想捐躯的将士。

弗兰德斯战场

少校医师约翰·麦克雷

弗兰德斯的野地里，点缀着罂粟花，

它们穿梭于一行行的十字架墓碑间，

这记下了我们的阵地；

在这上空的云雀仍在大胆地歌唱，飞翔，

偶尔仍可听见下面断续的枪响。

我们已是死人了。但短促的几天前，

我们活着，接着倒下，看到了黄昏闪亮的最后一刻。

我们有爱，也被爱戴，但我们现在躺在

弗兰德斯的战地里。

你们务必继续我们对敌的战斗：

给，这是我们倒下的那一刻向你投出的火炬，

拥护它把它高举！

假若你不承接我们这些死者的信念，

我们必不能在点缀着罂粟花的弗兰德斯入睡。

很明显，麦克雷医师在此是为战死者代言。他要让世人明白他们的牺牲是为了一个共同的信念。

今天埋在地下化石之间的是许多先烈圣徒骨头；他们都是拥戴亚伯拉罕独一真神的锡安的宝贵的父母。
他们紧紧抓住祭坛的四角坚定不移地走在那直窄的真道上。同时，他们拒绝了由人子编造的基督教，不与那些走上宽松大路的人子们同流。
这些先圣们在他们人生的最后一刻不是在呼

叫我们吗？他们的呐喊难道不是为了承传一个共同的信仰？

我们决不能在这人造宗教相互妥协的年代里，忘记了我们与先圣们同一的信仰。他们都是走在我们之前的神子们。这正如帖撒罗尼迦前书2章4节所述："但神既然验中了我们，把福音托付我们，我们就照样讲，不是要讨人喜欢，乃是要讨那察验我们心的神喜欢。"

如同我前面所讲的，最重要的仍是悔改，接着是以耶稣基督的名接受完全没入水中的洗礼，从水里与灵里重生，然后让圣灵操作人的舌头而发出话来，这发出的话就是那人的方言。方言是由圣灵驱动而不是由人的意愿控制。

尽管时尚风气在我们活着的俗世时来时去，但只有那些蒙神怜恤的走在窄直真道上的基督的门徒仍过一样的圣洁生活。

假若任何人要与公元第一世纪的使徒教会认同，那么他必须跟随使徒教会的教导。如果罗马教皇是基督大弟子彼得的继承人，他难道会不教彼得所传的教义吗？要真的成为彼得的继任者，这人必须是经历了水里与灵里重生的神的儿子。

事实上只有一个教会能够让我们成为神子，只有一个教义让我们在这教会里有份。神自己在马太福音16章18节讲出了他的独一教会："我还告诉你，你是彼得，我要把我的教会建造在这磐石上，阴间的权柄，不能胜过他。"

我们在此重申这独一的教会就是耶稣基督的教会，这教会的教义就是神的教义。加拉太书1章8节与9节对此有解释："但无论是我们，是天上来的使者，若传福音给你们，与我们所传给你们的不同，他就应当被咒诅。我们已经说了，现在又说，若有人传福音给你们，与你们所领受的不同，他就应当被咒诅。"

正是这个耶稣的教会能满足每个人灵命的需要。这个昔在今在教会依然是一个不可分割的整体。这个教会是神在五旬节那天交给他的儿子们看管。以弗所书5章27节指出这个教会是要献给神的："可以献给自己，作个荣耀的教会，毫无玷污皱纹等类的病，乃是圣洁没有瑕疵的。"

因为这教会是由基督的血买的，所以没

有任何人有权利拥有它。这教会是属神的，并且归于神自己。我们没有垄断它的权力。假如一个人能顺服于神的救世计划，无论何处何时，这人都能成为神的儿子。

以弗所书4章4至6节记述了这一计划："身体只有一个，圣灵只有一个，正如你们蒙召，同有一个指望，一主，一信，一洗，一神，就是众人的父，超乎众人之上，贯乎众人之中，也住在众人之内。"

使徒教会拒绝不在神意念里的派系分裂。我们是使徒因为我们活出，相信并传讲耶稣基督的使徒教义。因为我们接受了圣灵的洗礼，所以我们是属灵的。圣灵驱动了早期使徒教会。圣灵在过去与现在都是使徒热忱的动力源泉。

我们活在似乎每个街道角落都有教会的这么一个时空里，每个人都说自己信的是对的，他人信的都是错的。对错的争辩只能使不同教义的教会产生对立。

使徒教会里的基督徒不需要与外人争辩对错。神的教会不需要证明自己。然而，神交给他的使徒们的教会是唯一的正确的教会。所有在神的话之外的教义都是错的。

那些在过去的许多世纪里对神在圣经的话作加减的历史人物只不过在神面前玩弄文字游戏。在过去一千多年里,每届天主教大公会议都在添加和删除圣经。

我不会在一间高档的意大利餐馆叫一份猪排,也决不会去一个人子领头的基督教会寻求真理。

　　人为的信经,大公会议,神学,哲学,以及各样的论文都不能拯救人。饥渴的心必须由能升华人心灵的神的话引导。神并没有写下那些人子教会的信经也没有参与(普世)大公会议。信经和大公会议都是人造
(人子领头)
的教会的产物。假如神要更改圣经,那么他的圣灵会激励人去写。假如耶稣基督的使徒写了"使徒信经",那么这信经就应当已在圣经里了。米兰的安布罗斯主教是第一个在公元四世纪提出"使徒信经"的人。
正是在公元四世纪康斯坦丁一世签署了米兰法令。全能的神在启示录22章18与19节对这些做法已有定论:"我向一切听见这书上预言的作见证,若有人在这预言上加添什么,神必将写在这书上的灾祸加在他身上。这书

上的预言,若有人删去什么,神必从这书上所写的生命树,和圣城,删去他的分。"

随着岁月的流逝,我们将会看到近两千年来已经分离了的基督教会仍然分离。唯有在神子们的带领下宣讲亚伯拉罕的独一真神的使徒教会继续让回头的罪人得着从水里与灵里的重生
(新生)。然而,人子们领头的所谓基督教会决不会让人得着新生。

因为只有通过圣灵激励的耶稣的门徒才能写下神的指示,所以只有经历了重生的神子才能明白神的话。这岂不是很逻辑吗?

基督教绕着人与神的关系打转。尽管信经与大公会议在漫长的历史中有一定文学价值,但这些人为的著作,如同在旧约与新约之间的"经外书",不能与圣经相提并论。当一天结束时,至关重要的是神所说的,而神所说的都写在圣经上。

耶稣曾给人子显示过他的救世计划。
这人子的名字叫尼哥底母(Nicodemus),他是犹太教的人子。
耶稣私下给他提供了成为神子的机会并告诉

他说："你必须重生
(得着新生)"。教会归根结底就是让人在得
着圣灵的洗礼中成为神的天国的儿子。
约翰福音3章5节有清晰的叙述："耶稣说,
我实实在在地告诉你,人若不是从水和圣灵
生的,就不能进神的国。从肉身生的,就是
肉身。从灵生的,就是灵。"

  让我们回到第一世纪的使徒教会!
神教导他的弟子不能在接受到从天而降的圣
灵前离开耶路撒冷。他这120个门徒包,
括耶稣的母亲,都经历了在灵里成了神子的
重生。对此事,使徒行传2章1至4节有确凿的
记载:"五旬节到了,门徒都聚集在一处。
忽然从天上有响声下来,好像一阵大风吹过
,充满了他们所坐的屋子。他们就都被圣灵
充满,按着圣灵所赐的口才,说起别国的话
来。"

  在那天,耶路撒冷的围观者看见了这些
接受了圣灵大能的人的惊人的改变。使徒保
罗在加拉太书6章15节解释了这重(新)
生是如何转变了他自己:"受割礼不受割礼
都无关紧要,要紧的就是作新造的人。"

使徒保罗不仅经历了这惊人的新生并且对成为犹太人有了新的见解。他把他的新见解写在罗马书2章28与29节："因为外面作犹太人的，不是真犹太人，外面肉身的割礼，也不是真割礼。惟有里面作的，才是真犹太人。真割礼也是心里的，在乎灵，不在乎仪文。这人的称赞不是从人来的，乃是从神来的。"

假若转变不必要的话，人不需要改变。如果我们倚赖自身的见解并且以自己的想法去解释神的话语，我们无形中就成了人造宗教的一员。对那些真心寻求神意愿的人，大卫王与拔示巴的儿子所罗门王, 记录在箴言3章5与6节的话应在他们耳边回响："你要专心仰赖耶和华，不可倚靠自己的聪明。在你一切所行的事上，都要认定他，他必指引你的路。"

在那些见证了耶稣的门徒接受圣灵洗礼的围观者当中，许多人都对神不可思议的能力大为震惊，但有些人则嘲笑他们所见的。部分犹太人甚至说这些接受了圣灵的使徒醉了。这事记载于使徒行传2章14至17节："彼得和十一个使徒，站起，高声说，犹太人，和一切住在耶路撒冷的人哪,这件事你们当知道,也当侧耳听我的话。你们想这些人是醉了,其实不是醉了,因为时候刚到巳初。这正是先知约珥所说的。神说,在末后的日子,我要将我的灵浇灌凡有血气的。你们的儿女要说预言。你们的少年人要见异象。老年人要作异梦。"

当这些围观者见证了这惊人的讲方言事件后,他们并不知道神已把进入天堂的钥匙交托于彼得。假若他们知道,他们会向彼得要钥匙。他们却问使徒们应当怎么做。使徒行传2章37至41节记录了此事:"众人听见这话,觉得扎心,就对彼得和其余的使徒说,弟兄们,我们当怎样行。彼得说,你们各人要悔改,奉耶稣基督的名受洗,叫你们的罪得救,就必领受所赐的圣灵。因为这应许是给你们,和你们的儿女,并一切在远方的人,就是主我们神所召来的。彼得还用许多话作见证,劝勉他们说,你们当救自己脱离这弯曲的世代。于是领受他话的人,就受了洗,那一天,门徒约添了三千人。"

当神用圣灵充满我们,神就与我们同在,我们就成了神子。

神就通过我们这些神子对世人说话。他的牧者就是被膏的神子。

神不仅在我们身上,他的属性也反映在我们身上,包括他的爱,平安,喜乐,他的真理和他的道。当一个人成了神的儿子,他就有了天父的属性。

对那些接受了圣灵启示而知道谁是基督的人来说,他们若顺服神就成了神子。约翰一书3章2节是这么说的:"亲爱的弟兄阿,我们现在是神的儿女,将来如何,还未显明。但我们知道主若显现,我们必要像他。因为必得见他的真体。"

没有经历重生(新生)的人只配活在他自身良心能依附的人造的基督教。这恰好符合了提摩太前书3章7节所说的:"常常学习,终久不能明白真道。"

在这末世的末了,我们必须看清楚什么是自由,什么是束缚。所有那些拒绝耶稣(使徒)教义的教会,不管它们使用什么旗号,都是来自捆绑人子的人造宗教。

在一个人经历了重生的那一瞬,他的灵

性经受了从神的吞噬之火来的生命的火花。我们在被救(重生)的那一刻到底发生了什么？在那一刻，我们的灵魂得着了新生因为耶稣的灵与人的灵融和使人的灵魂有了永恒的新生命。在这重生的一瞬，人的灵就感受了圣灵的显现。我们突然发现人在肉身里所受的限制与神在全然是神全然是人所做的就变得合乎情理了。在重生之前，我们并不了解神的话，但现在我们有了深刻的体会并且感激他和爱慕他。约翰福音4章24节对此有生动的描述："神是个灵,所以拜他的，必须用心灵和诚实拜他。"

这就是基督徒生命的根基。这不是教义，不是教诲，不是行为准则，不是教会礼拜，也不是主日学校。约翰的这段话讲的是我们与神的生命相通。这相通与学问，研究，思想，考虑，或沉思都不相关。
这相通是人与神的灵里的接触，是人与神的亲密无间的的(父子)关系。

我发现对灵的了解不简单来自念神的话或对神的思考。也不来自你要认识神的意愿或者你要感受他的情感。
你不能通过某一公式化的步骤，某一形态，

比如说去教会或者跟随一个圣洁的人,
去理解他。说白了,你要感受他,你和他之间
必定没有第三者或媒介。一个人能理解到神
是因为神向这人显现(译者:摩西与神相会
就是一例)。

人是由肉身的躯体,魂,和灵构成的。
只有人的灵才能领悟到神。做一个好人并不
让人成为基督的门徒。世上许多好人还从未
听过神的道。

  神的意愿是要我们验证我们自身在基督
里的角色,搜寻我们自身的灵性,查找与运
用我们的内在潜力。

  除了人之外,没有任何的动物是按着神
的形象造的。自大骄傲的人试图用知识,财
产,快乐,但就是不用神去填充其内心的空
虚。相反地,人按照自己的式样造"神"。
依着人对这超自然的神的感应,人就按照自
身的想象与意愿造"神"。所以人就开始赞
颂太阳神,月神,某些化学元素,教导,和
教条。

  我发现除非我们接受神为我们生命所制
定的计划并且让我们的灵得着新生,我们能
有的终为虚无缥缈的想象与或许再深一层的

（人子引领的）人为的不在耶稣基督里的宗教。

耶稣基督的教会是关于人与神的父子关系，不是宗教。宗教仅教人做好事，做好人，按规矩做人。耶稣的教会是建立人与神的父子关系并让神每天一点点地改变你。我发现在耶稣基督里不总是个人同不同意去做某事而是个人让不让自己做某事。为了把事奉神摆在首位（这也是每个门徒乐意做的），我们必须谦虚，诚实，真挚地确认自己属灵的程度。

在现实中，戏服是让人穿上去扮演一个特定的角色。当一个人穿上一套制服，这制服就成了这人的身份了。

为了救世，抛弃世俗的影响不是一个选择。我个人认为真实的问题是简明的：你到底要你的旧人还是要你的新生？

要理解早期教会，我们必须回到使徒教会分裂之前。
先知预言了在这末世的尾声中，人子所带领的所谓基督教注定要消逝。
基督教会自初到今的主题就是让人重生。
神，他的教义，和他对人类的爱从未改变。

当我在罗马天主教会研读神父职位时，我曾严肃探讨我的天主教信仰。尽管那时我诚心要做让神喜悦的事，但我渐渐成了一个人造宗教的受害者，因为人子而不是神子带领了这个人造的基督教。我知道历史上曾有过21届普世大公会议和会议的信条。那时作为一个天主教徒，我感到这些信条有漏洞。

那时我给我的教授提出这么一个问题：难道我们要相信这些信条比圣经更重要？为了给我答案，神把我带回了他早期未分裂的使徒教会。在那时这些不接受水里和灵里重生的人子还未带领着人造的所谓基督教。

让我们在神的真道里比较几个历史事件，然后裁定哪些人是由神子带领，哪些人又是由人子引领。

在16世纪的特伦特大公会议上，教会的传统经过了冗长的讨论。这个会议由教皇保罗三世在1545年12月13日开幕举行，经历了8年的时间于1563年12月4日由教皇庇护四世主持闭幕。这个会议最后宣告罗马天主教会的传统教义与圣经有着完全等同的地位。

当使徒行传2章38节的"悔改"两字在特伦特大公会议中被改作天主教教义

"苦修"时，神的话事实上已被置于天主教会的教义之下。

现在让我们一起查考神在马可福音7章8节对这大公会议的裁决："你们是离弃神的诫命，拘守人的遗传。"

现在我们用神通过使徒保罗在歌罗西书2章8与9节对人子警告再次指出这大公会议的谬误："你们要谨慎，恐怕有人用他的理学，和虚空的妄言，不照着基督，乃照人间的遗传，和世上的小学，就把你们掳去。因为神本性一切的丰盛，都有形有体的居住在基督里面。"

所以教皇保罗三世与庇护四世肯定的特伦特大公会议的信条不是真理！

现在让我们一起查看约翰·加尔文这位前天主教教士。此人活在十六世纪，是一个极力地反对那些不信三一教条的人。正是他在1553年10月27日用火活活烧死了独一真神论者麦克·塞尔维特。

约翰·加尔文，长老会的奠基人，是"一旦被救就永远被救"教条的倡导者。

既然我们知道他的教条,我们不妨一观神在历代志下12章5节所说的:"……耶和华如此说,你们离弃了我,所以我使你们落在示撒手里。"

我现在要问读者一个问题。假如一个人不再跟随神了,这人在生命结束时能回到天堂吗?约翰福音6章66节已有定论:"从此他门徒中多有退去的,不再和他同行。"(译者:"不同行"就是不再在通往天国的直窄的真道上了!)

一个人可能与神同行一阵子后再走回头路吗?绝对有可能!神是不能容忍来自他所造的魂的嘲笑。历代志下15章2节对此有解说:

"他出来迎接亚撒,对他说,亚撒和犹大,便雅悯众人哪,要听我说,你们若顺从耶和华,耶和华必与你们同在。你们若寻求他,就必寻见。你们若离弃他,他必离弃你们。"

这位前罗马天主教的教徒,人子约翰·加尔文所提出的教条不是真理。

现在是我们应重新审视我们的直窄的"老路

"的时候了，那些迷途的人必须再次走上这记述在圣经上的正道。

使徒不是人为宗教的人子。热衷在教会五个功用中事奉的使徒教会的长者不是人造宗教的长者的后代，也不是以实玛利的后裔，而是先知以撒的承继者。人造宗教的长者死命揪住的是人为的传统。

就如同我们在这时代所见证的，亚伯拉罕的两个儿子以实玛利和以撒从未停止过争斗并且会继续争斗直到耶稣基督为经他宝血洗礼的教会再来的那天。
当纽约的双塔大厦被激进的以实玛利的后裔驾飞机撞毁的那天，我正带着家人一起飞去纽约。这些以波士顿为起点的自杀性恐怖分子把人命视如草芥。

使徒保罗在加拉太书4章22至26节和28至31节中明确指出我们都是以撒的后裔："因为律法上记着，亚伯拉罕有两个儿子，一个是使女生的，一个是自主之妇人生的。然而那使女所生的，是按着血气生的。那自主之妇人所生的，是凭着应许生的。这都是比方。那两个妇人，就是两约。一约是出于西乃山，生子为奴，乃是夏甲。这夏甲二字是指着亚拉伯的西乃山，与现在的耶路撒冷同类。因耶路撒冷和她的儿女都是为奴的。但那在上的耶路撒冷是自主的，她是我们的母。弟兄们，我们是凭着应许作儿女，如同以撒一样。当时那按着血气生的，逼迫了那按着圣灵生的。现在也是这样。然而经上是怎么说的呢？是说，把使女和她儿子赶出去，因为使女的儿子，不可与自主妇人的儿子一同承受产业。弟兄们，这样看来，我们不是使女的儿女,乃是自主妇人的儿女了。"

伊斯兰教说耶稣是先知。我们并不相信这话。我们相信耶稣基督是预言要来的救世主（译者：参看以赛亚书9章6节），他是全能的神，是道成肉身的独一真神。

在以上的叙述中，我们看到现实里基督教世界的一个缩影：人子与神子的对立。

耶稣基督公开讲过那能使被锁入俗世牢笼的人得着自由的活水。我们所有人一生下来就做了俗世的俘虏，但那些接受使徒教义的人必得自由，并且的的确确获得自由。

我们这些被神的宝血救赎的，
现在可以打开我们灵性的耳朵聆听我们的主
对罪人在犹太南国山野里荡气回肠的召唤。

　　让神的话与世俗妥协等同于重复罗马帝
国的谬误。我曾去过天主教所囿于的灵界，
我不再受那妥协幽灵的诱惑。

在使徒教会有一些自以为是，自以为上的人
。尽管他们是少数，但我给这些人这么一个
信息：他们不可能把我引回天主教的灵界。
在1972秋天，我的脚已铸入神的教会的磐石
，并且开启了我灵性的飞船前往属天的神造
的耶路撒冷。

以扫不无后悔地领悟到当他为满足肉身的欲
望时，他放弃了他的更为珍贵的继承权。

　　当一人从光亮的白昼走近一个黑暗的房
子，他发现在一断时间内他几乎完全看不见
。然而在这暗房里呆久了,他渐渐地可以看到
更多的东西。他看到桌子的轮廓,接着是靠在

墙上的书架。但千万记住,他不仅未见到光并且囿于黑暗。

那些让神的话与世俗妥协的人子会把话反过来说,神子是被束缚的而人子才是见了光的一群。神子们在这末世末了的日子不要让那伙被五花大绑着的人子懵了,人子从未像他们自吹那样见过真光。因人子们与俗世的妥协,所以他们置身于俗世,习惯了一个黑暗的灵界。提摩太厚书3章8节对此有阐述:"从前雅尼和佯庇怎样敌挡摩西,这等人也怎样敌挡真道。他们的心地坏了,在真道上是可废弃的。"

一个追求神的人归根结底面临一个问题:我到底要让我自己和我所爱的人得着什么?我要选取一个满足肉身需要的人造教会还是接受一个纯正的使徒教会的圣灵?从早期的到现今的使徒教会都经历了圣灵的驱动。圣徒们,在每天的终结,仍然是神的话算数。这永生神的教会至今仍在祷告中得着他的不可度量的无限的大能。这正如约翰福音8章31至32节所述:"耶稣对信他的犹太人说,你们若常常遵守我的道,就真是我的门徒。你们必晓得真理,真理必叫你们得以自由。"

在我仍是一个天主教徒的时日，德萨斯州圣安东尼奥的一位大主教，罗伯特 E. 禄希,说罗马天主教是公开的异教。梵蒂冈罗马教廷不满他对天主教的公开批评。在众多教士的抱怨声中，梵蒂冈要他退休罢免了他的大主教职位。这位大主教于1977年8月1日辞世。天主教徒无需期望这位主教会被册封,因为他的册封是毫无可能的。

那个我坐在使徒教会的早上正是我打算去托马斯·阿奎那天主教会的早晨。

以下我摘录托马斯·阿奎那在他的《神学大全》11-11， A11，条款3的一段话："关于教会里的异端，我们务必看清两点：一边是异端者的自身，另一边是教会。针对异端者的堕落，这类人不仅应被逐出教会也应被处死。因为腐化信念侵蚀魂魄的罪比起以造伪币来维持生活的罪要大的多。然而造伪币者或那些行恶事的人都在民事法中被定为死罪，所以我们有更多的理由把那些被裁断为异端的人速速逐出教会甚至处死。然而，从教会的角度，教会对这些一度皈依但迷失的信徒有怜悯。因此教会会按照其长者想法给一个异端者提出一两次的警告。假如此人顽固到底，教会就不再期待他回转，为了保证教会对他人救赎的高标准，这人应被逐出教会，然后递交给民事法庭等候处死。(在十三世纪政教是合一的，也就是说是一体的)。"

"不能杀人"是十诫中的一戒，也是由神子带领的使徒教会尊守的戒命。我们(神子)不杀人。

托马斯·阿奎那是十三世纪的人，从属于天主教的多米尼加教派。这位天主教的教士被他的教会尊封为教导教士的模范教师，罗马天主教学校的大师与赞助者。在第二次梵蒂冈会议上，教皇保罗五世称他为"天使般的医生"。

因为传讲"政教分离"论，约翰·格林伍德在英国被逮捕入狱，然后于1593年4月6日被吊死。从第四世纪的康斯坦丁一世的罗马帝国到18世纪后半期的美国，政教分离从未实现。直到美国第四任总统，詹姆士·麦迪逊，要求在政治与宗教之间筑一道墙，这政教合一的噩梦才消失。

"政教合一"在圣经里提过吗？它是由神子带领的使徒教会的一部分吗？

还是它是人子带领的人造宗教的产物？这问题重要吗？当神的天使一只脚踏在陆地上一只脚踩在海里宣称时间结束的时候，这问题就变得非常重要。

第二章：三位一体教条

到底这位亚伯拉罕的独一真神是谁？他在犹太人的子孙中被称为"耶和华"（YHWH or Yahweh）。他与使徒教会称颂的监察天地的"主"有何关联？
我必须提醒大家这个关联对神子来说是很明了的。但这一关系在人子的眼里就变得模糊了。

路加是一位有学问的人并且对旧约人物有透彻的了解。他在路加福音20章37节里说圣经的头五本书的作者摩西指的这位"主"（Lord）就是亚伯拉罕的独一真神："至于死人复活，摩西在荆棘篇上，称主是亚伯拉罕的神，以撒的神，雅各的神，就指示明白了。"

在当今科技这么进步的世界，关于"主"与"亚伯拉罕的神"的提问不仅值得有一个教育意义的解释并且需要一个解答。到底天上地下合起来有几位主？三位还是一位？使徒保罗是历史上公认的使徒年代最重要的使徒之一。他一度从学于名师伽玛利尔。他在以弗所书4章4节至6节给了一个清楚的解释："身体只有一个，圣灵只有一个，正如你们蒙召，同有一个指望，一主，一信，一洗，一神，就是众人的父，超乎众人之上，贯乎众人之中，也住在众人之内。"

现在，我们知道在我们中间只有一位主。我们在经历像耶稣门徒那样的火一般的洗礼时就在我们灵里接受了天父。这一位主明显觉得非常必要给人类启示他的奥秘，而这奥秘常在外邦人中被争论。哥罗西书1章27节有这么的论述："神愿意叫他们知道，这奥秘在外邦人中有何等丰盛的荣耀。就是基督在你们心里成了有荣耀的盼望。"

上面这句神圣的话告诉我们天父和耶稣基督都在我们里面。坐稳了，更惊人的一句写在马太福音3章11节：我是用水给你们施洗，叫你们悔改。但那在我以后来的，能力比我更大，我就是给他提鞋，也不配。他要用圣灵与火给你们施洗。"

我再说一遍一个合理有价值的问题需要期待，并值得一个有教育性的答案。

圣经刚给我们揭示了圣父，圣子，圣灵都能驻在我们里面。
神子们泥质的肉身就成了神设置的圣殿。那么在这些圣殿里到底有三个分立的位格还是一位独一完全的神在不同的时空里向我们显现？到底只有一位神还是三位分立的神活在这些圣殿里？让我们一起查看哥林多前书3章16节："岂不知你们是神的殿，神的灵住在你们里头吗？"

全能的神就是主，并且是创造宇宙万物之主。全能的神以"父成肉身"的谦卑与我们（他的弟子）一同走过加利利的湖岸。全能的神就是在我们里面的主，是我们荣耀的希望。

　　没有三位，仅有一位神；没有三位，仅有一位全能者；没有三位，仅有一位主。
圣父，
圣子，圣灵就是一位一体，不是三位一体。

作为耶稣基督的门徒，我们不仅要知道异端的威胁并要知道这些粗俗解说对人灵性上的危害。那些把自己锁在宗教仪式及礼节的黑暗之中的人子们已根本上失去了对神地道解释的权利。而教会的历史证实了这些人子们从来就未被圣灵带领。他们对于圣经相悖的人为神学，哲学，意识形态，以及五花八门的神学论题的至力吹捧恰好展示了他们在基督教里的灵性上的堕落。

假若一个人未经历被神的大能拯救的重生(新生)，他对自己或他人都不能区分也不能解释新生(重生)的意义。这重生必须按照使徒行传叙述的来成就。

已经召开的21次普世大公会议事实上已改写了圣经。一个人能写下许多的信条或教义，但最终神的话才是标准。当我必死的躯体披上永生的基督活在神的面前，我的身份是无庸置疑的。我们必须认识到自己是神的儿子不是那些未经重生的人子。这正如马太福音15章8-9节所说的："这百姓用嘴唇尊敬我，心却远离我。他们将人的吩咐，当作道理教导人，所以拜我也是枉然。"

独一真神的信徒常与钻进教会里的异端征战。独一真神的烈士迈克尔·塞尔维特 (Michael Servetus)的生与死明显地展现这些神子为维护不朽真理对独一真神的完全付出。

迈克尔·塞尔维特生于16世纪西班牙的塔地拉 (Tadela) 城。他曾在法国巴黎学医,是一位西班牙医生也是神学家。政府与教会一同谴责塞尔维特因为他对神的著述与当时被广泛接纳的三位一体教条相抵触。

在他的著述中,我们看到了他对三位一体 (三一) 教条明显立场。他指出三位一体教条乃是撒旦捏造的用来毁灭教会的谎言。

当撒旦把这蚀心的种子撒在使徒教会里,他看到了使徒教会内部分裂带来的毁灭因为这种子很快就在教会里扎根疯长。难道塞尔维特被捆绑在行刑木桩上即将被烧死前撕裂肺腑的呼叫不是对后来的信徒的一个惊讯?难道我们不应该把这在公元二世纪扔进教会里的三一教条看成是来自撒旦掌控世界的一个邪灵？

这特土良炮制的三一教条不是被基督教里的一些人轻看和忽略了吗？

那么这三一教条的到底算什么？

迈克尔·塞尔维特抗衡了两个新教的革新者：马丁·路德和约翰·卡尔文，前者是奥古斯丁僧人，后者是罗马天主教教士。因为天主教的三位一体教条是这两位新教先行者的精神枷锁，他们都未能摆脱它的魔咒彻底革新天主教的神学。

迈克尔·塞尔维特当之无愧是宗教改革初期的最杰出的人物之一。 教皇尤利乌斯三世 (Julius III) 作为一个恋童癖要求当时的法庭处死迈克尔·塞尔维特。

假如尤利乌斯三世是神子，是耶稣的弟子彼得的继承人，他会是个恋童癖吗？会要求法庭处死这独一真神烈士塞尔维特吗？真实的答案是尤利乌斯三世不是神子，而是满足其自身肉欲的人子。

天主教在改革时期持续的混乱中所起得作用是不可忽略的。教皇阿德里安四世 (Adrian IV) 从公元1522年上任到他在1523年离世，揭开了当时天主教会的堕落环境和纠缠着梵蒂冈 (Vantican) 教廷糜烂的肉欲生活。他确信神许可惩罚犯罪的罪人，特别是那些等同于主教的高级神职人员和基督教的牧师。他清楚知道很多令人深恶痛绝地事已在教廷里发生，神圣的器皿被乱用，教会规章被违反，以致教廷里的事越弄越脏。

马丁·路德被许多人误认为卓越的宗教改革者；事实上，他是一个人子，不是神子。

这位曾是奥古斯丁僧人的路德拒绝接受犹太教的 (一位一体)的独一真神，所以犹太人也拒绝接受他的附在三位一体教义里的所谓基督新教。当仇恨的邪灵钻进他的内心，马丁·路德扬言要清除犹太人。用今天的语言，他那时就要对犹太人进行种族灭绝。

在公元1543年，马丁·路德出版了他充满怨毒的书

《关于犹太人和他们的谎言》》。他在其中大肆诽谤中伤犹太人,骂犹太人"都是低级趣味的嫖娼者,不是神的选民,热衷吹嘘他们的血统,割包皮的旧习,和肮脏的法律,都是在充斥了魔鬼的屎粪中打滚的的猪。"他接着在其书中提议把犹太人的教堂和学校焚毁,钱财全充公。

为了除去执着于(一位一体)独一真神信仰的犹太人,他在其论述中说:"我们不该再对他们仁慈友善,
给他们法律上的保护。这些毒虫应做苦力,否则他们应被驱逐出境。"

马丁·路德继而大肆鼓吹种族灭绝以亚伯拉罕独一真神为信仰的犹太人
"不屠杀他们乃是我们的过错。"

　　这位德国的宗教改革者活在第二次世界大战之前四百多年的十六世纪。
难道这反犹太人的幽灵在二战前已溶入了德国社会的大动脉?难道这位马丁·路德是下令屠杀犹太人阿道夫·希特勒的先驱? 是的,他的确是!

假若马丁·路德是神子，他会要处死那些信亚伯拉罕独一真神的犹太男人，女人，和儿童吗？真相是他是肉身的人子，不是神子。他引领着人造的基督教进入一个更黑暗的深渊！难道马丁·路德未曾在圣经里领会到神是一位长期忍受苦难大有爱心的神吗（译者：参看出埃及记34：6

7）？耶稣基督在他被钉十字架时有能力让他的天使毁掉所有的罗马士兵及犹太人，但他选择了对他们所有人施慈爱。

除去这个扎入人造基督教要害的芒刺，迈克尔·塞尔维特的（一位一体）独一真神的圣经教义，就由另一改革者约翰·加尔文执行。这位与迈克尔·塞尔维特同时代的加尔文是当时新教的重要领导人之一。

尽管约翰·加尔文与天主教里诸多的腐败和谬论争斗，但他像马丁·路德一样继续支持特土良的三位一体教义。约翰·加尔文作为长老会的奠基人憎恨迈克尔·塞尔维特的独一真神的圣经教义，最后将迈克尔·塞尔维特活活烧死。

约翰·加尔文,难道你不念圣经?
把活人烧死并不在使徒的信念里,当然除非你是在人子带领的人造基督教里!

约翰·加尔文,这位十六世纪的宗教改革者,炮制了"一旦被救,就永远被救"的(荒诞)新教义。今天你仍可在人造的基督教会里仍不时听见:"接受主为你的个人的救世主,你就得救了"的似是而非的理论。

你知道我们被救事实上是他接受了我们而不是因为我们接受了他。这一点在马太福音22章14节写的清清楚楚:"因为被召的人多,选上的人少。"

打个比方,假若我认识一个在这世上最富有的人并且要做他的儿子,那么要我接受他为父是一件易事。然而,假如他在法律上不接纳我为子,我这么说是毫无作用的。没有他的认可,我不能做他的承继人。

人若要神接受他,那么这人必须是得着了新生(重生)成了在耶稣基督里有承继权的神子。

接下来，我们讲一讲独一真神烈士迈克尔•塞尔维特的恐怖经历。熏死在慢火的折磨里是最残忍的死刑。执行这刑罚是点燃刚砍下的湿而未干的的树干，以较慢的燃烧速度，让受刑者在长时间的痛苦的煎熬中死去。

公元1553年10月27日，当围观的人聚集刑场，迈克尔•塞尔维特从黑暗的囚笼被拖出。
监狱的生活已经把他折磨得脏臭的不成人形了。他感觉到锋利残酷的爪子把他抓捏，而约翰•加尔文与恋童癖教皇尤里乌斯三世已作不可挽回的处死他的决定。他低下着头听著刽子手的宣告

"我们在你受死刑之前诅咒你，迈克尔•塞尔维特，你，你的手稿和你出版了的书籍都要一同烧成灰烬。作为对所有那些可能重复你对教廷教义有异议的人的一个警告，你将被就地正法。"

塞尔维特已感到粗糙的木椿压着他的背。他瘦弱的身体被沉重的锁链五花大绑捆在木椿上。这锁链每绕他一圈，死就向他逼近一步。在这锁链与塞尔维特的虚弱身体的缝隙之间插满了他的关于独一真神论的著作。在讥笑声中，刽子手们给他头带上了浸满硫

磺的树叶圈。然后他们点燃湿木头开始行刑。当煎熬人的火苗从湿木中窜出,这知道只有
(一位一体)独一真神并且至死不渝的塞尔维特嘣出了惊天的哭声以致所有的围观者都转脸避开。

塞尔维特在死亡线上挣扎了半个多小时。在他最后极度痛苦且凄厉的尖叫声之后,让人从闪烁的灰烬里看到的是烧焦了的黑乎乎的毫无人形的一团东西。
塞尔维特被烧死时才42岁。

  在我旅游瑞士的某一天,我非常有幸地被邀请到一个在地基里埋有塞尔维特骨灰的教会讲道。

  现在我们继续塞尔维特未走完的路。说真的,假如我们这些亚伯拉罕独一真神的信奉者也活在塞尔维特的时代,我们一样会被恋童癖尤里乌斯三世和新教的假神子约翰·加尔文下令烧死。

在接下来的篇幅中,我们一起追溯到公元二世纪这三位一体教会的起源。

独一真神论意指从太初开始神就是一个整体（译者：非复合不可分割的）。
三位一体论指的是三个整体并教导他人有三个独立的位格。到底是三个神还是一个神？到底神性里有三个还是只有一个位格？到底我们回到天国看到一个位格还是三个位格的神？到底我们要坚持一神论真理还是要跟随罗马帝国的三位一体教义？以赛亚书46章9节是这么记述的："你们要追念上古的事，因为我是神，
并无别神，我是神，再没有能比我的。"

罗马帝国的两千多年的演变大概可被分作四个阶段。更确切地说，它成形于公元前753年，消失于公元1806年8月6日。这个帝国在公元前753年在一个称作罗马的小镇成立，叫做罗马王国，然后被称为罗马共和国，接着演变为罗马帝国，最后被冠为神圣的罗马帝国。这神圣的罗马帝国被法国的拿破仑解散。

在耶稣基督降世前，只有犹太民族信奉亚伯拉罕的神是（一位一体）的独一的真神。以色列的国土那时在罗马帝国的统治之下。多神论已是这个帝国宗教的核心。这个帝国的皇帝已被尊为神冥，让自己登上神台。

当我在魁北克奥卡的特拉普派（Trappist）修道院和在新布伦斯威克（New Brunswick）神学院时，我大多时间都花在理解三位一体教义。这三位一体教义非常，非常迷惑我，别的在院生，教士，以及教课的老师们。

在每天的终结，对"三位一体"教义的解释都归于同一的答案："这是一个在我们想像之外的神秘理论。"但现在不同了，我有了圣灵。我已经以耶稣基督的名接受了洗礼。我理解到这三位一体教义的神秘性。它的神秘性就能懵住那些未受圣灵启示的人。神子的世界与人子的世界是完全不一样的，有天渊之别的。千万不要在这末世接近午夜末了的一刻被撒旦欺骗了。那为救赎世人在迦尔瓦略（Calvary）山献身的神，耶稣基督，诀不会给世人一个灵性的迷宫。马太福音11章27节对此有说："一切所有的，都是我父交付我的。除了父，没有人知道子。除了子和子所愿意指示的，没有人知道父。"

神性并不复杂，事实上相当简单。然而人只能被圣灵启示来理解他。

对个人来说，救恩的开始并不来自神，神的教会，礼拜天学校，查经班，教会的邀请，或者一个布道者。得着救恩的起点来自一颗渴求神的心。而神的爱将给予渴求他的人。

现在是天主教会和那些人造基督教会反省并以真诚与饥渴的心寻求神的时候了。不管人怎么想，
怎么说，没有人能不经历重生回到天国。你个人接受的高等教育并不能使你回到天国。尽管我们尊重受过高等教育的人，一个人必须全心地拥戴神的道才能回到天国。

到底谁被人子带领，谁被神子带领？我们现在就必须有个清晰的答案--
决不能等到你站在公义的永生的神面前被审判。让我们一起查看约翰一书3章1节："你看父赐给我们是何等的慈爱，使我们得称为神的儿女。我们也真是他的儿女。世人之所以不认识我们，是因未曾认识他。"

尽管在耶稣的时代罗马帝国是多神教为宗诣的国家，亚伯拉罕的神在历史的长河里热切地警告他的选民不能犯拜偶像的罪。神

不会与任何别的偶像分享他的荣耀。这并不是对不信他的人的搜捕，而是指出在末世的两千多年里任何教会传讲与亚伯拉罕的独一真神不一致的教义，事实上就是给跟随它的人灌输亵渎耶稣基督的神学。

当我意识到我所在的罗马天主教会神学院与在院受过高深教育的神学家们实际上传讲与神性相背地教义，我变得更为困惑。这三位一体的教论绝对并且毫无疑问地违背了逻辑。
随着时间的流逝，你会理解我所受的困扰。我尝试着去了解为什么梵蒂冈执着于三位一体的偏见虽然天主教的百科全书和一些有名的神学家都人为三位一体教论是错的？我过去作为一个天主教的神学士，我寻求各种方法去理解三位一体论，但是没人能够给我指点迷津。

从1965年版的新天主教的大百科全书的"圣灵"这章里，我们可以找到与三位一体教论相抵触的叙述：

1。三位一体教论在公元四世纪之前并没有在教会里树立，也没有渗入基督徒的生活及信仰。

2。在旧约的记述里，
圣灵从来不是被认作某一位人，而是神的大能。

3。在新约的记述里，
圣灵被认作一种实在，并不是某一位人。圣灵与神的能力的等同性在新约里是显而易见的。

当我修读罗马天主教神学者这门课时，我就被灌输了神是三位一体的教论。我诚恳地向教授提出对三一神论的疑惑：我们怎样才能接受这么一个独一但有三个位格的神？（译者：这是一种隐藏着自相矛盾对神性的阐述，很能懵人！）。

自第三世纪起，三位一体的教论困扰着那些真诚地追求亚伯拉罕神的心灵。这样的困惑也记录在1965年版的新天主教的大百科全书的"三位一体"那章书中："大多数天主教神学院的教师在讲授"三位一体"教论都面对一个难缠的纠结--
怎样给学生讲清楚三位一体的含义。假若这问题来自学生对"三位一体"的困惑，那么这些老师对它的理解有可能不比学生理解的多。

在完成讲解"三位一体"后，教授们总让学生们在课上公开发表看法，希望从这些讨论会里找到对"三位一体"合理解释的希望。

在离开神学院多年之后，我对"三位一体"论的困惑越陷越深。难道我的教授们不受"三位一体"教论的迷惑？当然，他们也不例外！他们也不断地寻求一个令人信服的答案。

讲授神性(格)这一科目总是在掺杂"三位一体"论后无法摆脱自相矛盾的困境。神格
(性)指的是从太出开始神就是一个自有万有的整体。这自相矛盾的困境来源于在神里根本就不存在三个位格，并且将来也只有一位不是三位
(译者：参看以赛亚书44章6节)。那么这个在公元三世纪不存在的"三位一体"教论从哪里冒出来？这个教论来自人子！

随着我们的讨论回到耶稣对法利塞人尼哥底

母讲的重生，我要给读者提一个问题。
难道不应该让那些带领使徒教会的神子告诉那些人造基督教会的人子在神性里没有三个位格？难道应该让那些带领人造基督教会的人子告诉那些人使徒教会的神子神性里有三个位格？

记得我在神学院时，我们在晚餐饭桌前听到一个消息：约翰•麦肯锡教士得了出名的红衣主教斯贝尔曼（Spellman）奖。

麦肯锡教士是一位在罗马天主教耶稣会研究圣经的学者。他在芝加哥的德保罗大学教了多年的书并在1967年荣获红衣主教斯贝尔曼奖。他是圣经学会的第一位会长，也是罗马天主教圣经会的会长。

事实上，你是谁，你去的教会的名称对个人的救恩来说都不大重要因为当一个人打开圣经的一刻，他所看到或意识到总是不一样。

这位罗马天主教耶稣会的学者能流利的讲11种语言，并且被罗马教廷认为在天主教历史上最出色的神学院教授之一。

然而这位教授留下的名声就是他对罗马天主教会早期篡改圣经对非天主教使徒进行暴力攻击直言不讳的指责。

我内心里非常渴望理解亚伯拉罕神的真相。我对我的教授们常提出一个本质上很简单的问题：

"作为一个学生，我应该相信罗马天主教的神学论以及21次普世大公会议所设立的教条比圣经更具权威性吗？"但答案总是一样："我猜是的。"对我来说，猜测这么重要一个问题的答案是不负责任。我敢肯定我的这问话不受诸多教授和学生的欢迎。就这一问题而言，我不能接受一个模凌两可自相矛盾的说法。我过去不能，现在也不能。对我来说，答案必须是或不是。

我现在引用约翰·麦肯锡教士写在第899页《圣经字典》里对三位一体的阐述："三位一体的神性是由罗马天主教定义，意指一神有三个（分立的）位格但具有同一神性。这信条在公元四或五世纪设立，所以它不是神圣的信仰。这个三位一体的教义是由希腊哲学的术语"人"与"本性"来定义，但是这些术语不是来自圣经。三位一体的神性来源于一个漫长的争议以致"本质"及"物质"这类术语被误用到神性上……。"

救世主耶稣坚称只有一个独一的真神。他支持一神论因为他就是父,独一的神,唯一的主。
这正如马可福音12章29节记述了耶稣对一个犹太文士讲申命记6章4节的一段话:"耶稣回答说,第一要紧的,就是说,以色列阿,你要听。主我们的神,是独一的主。"神明显把第一诫置于十诫之首。

教会的分裂起源于对公元二世纪由特土良提出的三位一体论的纷争。
公元四世纪,皇帝塞奥多西斯一世宣布耶稣基督在马可福音12章29节的说话非法因为这话与三位一体论相悖。这位皇帝把自己的荒诞提议通过公元381年在肯斯坦丁举行的普世大公会立为法律。

尽管我的直率并不受某些人欢迎,但我相信我需要找到我这问题的答案。
到底我们是否必须相信三位一体的教义?我过去一直没有找到,直到神在他的使徒教会给我启示,我才知道了答案。三位一体的教义不是神子对神的认识，而是人造基督教里的人子造出的教条。

根据历史记载，特土良在公元二世纪提倡了三位一体论。他很可能把这一理论引进了教会。
但多神论在特土良的三位一体论前已存在。

大多世俗的宗教在本质上都是多神的。三位一体教义被人造基督教逐渐吸纳采用之前已在印度教中，在耶稣诞生前，盛传了许多世纪。

请注意，印度教的三位一体教条与人造基督教的三位一体教条非常相像。

在印度教徒的意念里，三位一体的教义指的是他们的神是由三位合成的。 一位是 Brahma（梵天），一位是 Vishnu（湿奴），一位是 Shiva（湿婆）。他们分别是造物的神，守护的神，灭绝的神。这三位合成了一位超自然的神。

每一位印度教里的神有各自的能力。Brahma 是有大智的女神； Vishnu 是喜乐，美丽的女爱神； Shiva

则是一位能变化的就有摧毁力量的女神。
在印度教徒的信仰中，这三位极被尊崇。

我常好奇为什么罪人要庆祝耶稣的诞生与复活？
仅有佛教徒庆祝释迦牟尼的诞生，而印度教则庆祝他们神的盛宴。那么罪人庆祝耶稣的诞生与复活必是人造基督教的部分仪式。事实上，只有神子们才配庆祝耶稣基督的生日。

摩门教实施与传讲多神论。关于三位一体的解说，摩门教的奠基人约瑟夫·史密斯在《约瑟夫史密斯的教论》第370页中有以下的论述："我总是宣称父神是一个独立的位格，耶稣基督是与父神分离的另一独立的位格，圣灵是灵并且是又一独立的位格；而这三位构成了三不同的位格的三位神。"

尽管我们不信有三位神，但我们应赞赏约瑟夫·史密斯对三位一体论的确切解释。他相信三位一体论但不像别人那样自相矛盾地否定多神论。

与约瑟夫·史密斯相反，"耶和华见证人"教派传讲与传统犹太教以及纯正使徒教会一致的独一真神。

在论及三位一体教义时，由教士查尔斯•泰兹•罗素带领的"耶和华见证人"在1928年出版的《调解》一书的第101页中写到："从来就没有一个教条比三一教义更能蒙骗人。这个教义来自一个意念，那就是魔鬼的意念。"

独一真神指的是一个非复合的，不可分割也不能用俗世语言逻辑化的一个神圣的整体。我们必须理解神耶稣基督的的独一的本质。假如一个人相信神性里有三个位格，那么这人毫无疑问属于人造的基督教会。这样教会的宗旨直接与神警告以色列人的第一诫命相悖。

早期东方的神学家传扬并强调神的独一性。从公元二世纪使徒艾雷尼厄斯（Irenaeus）《驳斥异端》的五卷书中，我们可从第二卷第一章第六节看到这点："非常确切的说，我必须开章明义地开讲最首要的神性。神，作为天地万物的造物主，向世人展现了前无他人后无来者，也不受任何它者（人）影响的大能。

他造了宇宙万物因为他是独一的神，我们唯一的主，独一的造物主，我们仅有的父。他包罗万有，掌管万有。"在接着第三卷第九章第三节，他写到"圣灵与基督乃是天父的无限的大能在一有限肉身对人的显现。"

这位第二世纪的神学家艾雷尼厄斯对全能神权柄清晰的阐述与旧约以赛亚书44章24节的叙述一致：
"从你出胎，造就你的救赎主耶和华如此说，我耶和华是创造万物的，是独自铺张诸天，铺开大地的（谁与我同在呢）。"

我原是一个罗马天主教徒；我对从改革天主教中产生的新教继续持守天主教的三位一体教条大感惊讶。

现在是所有对真实神性的追求者返回重生正道的时候了。
在人类史中，没有任何的肉身能改变神的救世计划。

当以赛亚讲述神自身创造天地时，他在讲耶稣基督吗？绝对是的！这正如约翰福音1章10节所论述的：
"他在世界，世界也是借着他造的，世界却不认识他。"

神爱世人已被普遍传讲。那么，人有可能想象来自这独一永生的神的出人预料的大爱

? 在我们探索这答案时，我们必须在灵性里更上一层楼。

假如我们相信耶稣是先知预言的道成肉身的救世主，我们自己必须完全准备好去相信神走在他自己造的水面上，他为世人被钉死在由他自己造的一颗树所做的十字架上，他走上他自身挥手而就的各各他（迦尔瓦略）山丘成了在俗世的你和我的替罪羔羊。

第三章：信条与21次大公会议

我们已论述了两个要代表基督的教会：一个是纯正的独一真神掌权的使徒教会，另一个是人为的以三位一体教条为信仰的人造基督教会。现在是那些在三一教条教会里的肉身之子重生成为神子的时候了。至于谁是耶稣基督的启示只能来自圣灵[译者，参看马太福音16章16节]，这答案不来自人子的信条也不来自由人子在大公会议中通过的教义。神从来没有分裂他的教会的意图也没有在历史上分裂过他的教会，而是人子分裂了耶稣基督宝血遮盖的教会。在教会出生的时刻，撒旦已经看到了这个使徒教会，如同十二族以色列人在罗波安王的年头分为南北两国，会分裂。但我们必须记住使徒行传4章19节的这段话："彼得和约翰说，听从你们，不听从神，这在神面前合理不合理，你们自己酌量吧。"

在公元四世记前,多神论异教在罗马帝国盛行。这纯正的使徒教会在罗马帝国里是非法的地下教会。皇帝泰特斯(Titus)和皇帝尼禄把一些使徒活生生的喂给罗马角斗场或尼禄马戏院里的狮子来作乐。

我常去中国大陆并且理解大陆地下使徒教会传扬独一真神的教义意味着什么?独一真神教义在过去被罗马帝国禁止,现在在大陆也不总被官方认同。

康斯坦丁大帝是罗马帝国第一位"基督徒"皇帝。这位当时基督徒所盼望的"最好"的皇帝使基督徒信仰合法。在这之前三百年里使徒教会的使徒持守着独一真神教义与当权的恶势力征战,眼睁睁地看着一些受爱戴的使徒被抓去喂饥饿的狮子。

从另一角度来说,康斯坦丁皇帝也是一位坏皇帝因为他迫使教会在罗马帝国的掌控之下。有关教会的任何政改都必须由教皇同意。前面七次(普世)大公会议都由在康斯坦丁堡的帝国皇帝主持召开,而不是由罗马主教或康斯坦丁堡主教主持。教会在接下来的五百年里都被罗马帝国皇帝(教皇)完全控制。

我将头七次(普世)大公会议列举如下：

1。
第一次大公会议，亦称尼加普世会议--
由皇帝康斯坦丁(一世)在公元325年主持召开。

2。
第二次大公会议，亦称康斯坦丁堡普世会议--
由皇帝塞奥多西斯一世在公元381年主持召开。

3。
第三次大公会议，亦称以弗所普世会议--
由皇帝塞奥多西斯二世在公元431年主持召开。

4。
第四次大公会议，亦称迦克墩普世会议--
由皇帝马克安在公元451年主持召开。

5。
第五次大公会议，亦称第二次康斯坦丁堡普

世会议--
由皇帝贾斯蒂尼安在公元553年主持召开。

6。
第六次大公会议,亦称第三次康斯坦丁堡普世会议--
由皇帝皇帝康斯坦丁四世在公元680年主持召开。

7。
第七次大公会议,亦称第二次尼加普世会议--由女皇帝艾琳在公元787年主持召开。

　　你或许想要猜一猜由皇帝康斯坦丁一世主持召开的第一次尼加普世会议的主题是什么?
这次会议主要讨论耶稣的主权以及我们之前讨论过的部分人子想方设法加进使徒教会教义的三位一体论(三一那时还不是教义)。因为这帝国在会议前对三位一体论没有一致的意见,所以皇帝康斯坦丁要召开这次会议达成对三位一体论的共识。从东方来得尼古拉斯主教出席了这次会议。历史记载了这位支持三一论的主教在会上变得暴躁并且动手打支持独一真神的神学家阿里亚斯。阿里亚斯是公元三,四世纪支持独一真神的神学家，"阿里亚斯主义"事实上是独一真神论的另一代词。尼古拉斯主教被人造的基督教当作圣人并且被俗世称作圣诞老人。

这些做了教会领头的罗马帝国的皇帝被俗世捧上了神坛成了教皇。
因为第一次大公会议把三位一体论变成了教义提议，使徒们所盼望的合法的独一真神（一位一体）
教会落空了。继而在下一届出现的罗马天主教就是以三位一体为教义的人造基督教。坚持亚伯拉罕的独一真神教义的使徒教会再次成了非法的地下教会。

　　这个人造的基督教在过去，现在，将来都无法替代由耶稣基督宝血洁净了的神的使徒教会。这个人造的基督教很快对圣经的话麻木，而罗马帝国自身就成了与新约福音不一致的政教合一的体系。

　　在帝国统治下的人们开始相信神通过罗马皇帝对他们讲话。这些皇帝都被称作"最伟大桥梁的缔造者"。
也就是说，他们是人和神之间的中保

(译者：这恰好与圣经提前2章5节讲的相悖)。

我们上面讲的这些皇帝不是那些受了神灵恩膏的神子或教导他人要爱其邻居的使徒。他们都是在当时最强帝国里最有权力的人子。这些人子是完全拥抱极权的独裁者。一个极权主义的独裁者就像希特勒一样会去砸碎所有自立机构去占取他人的魂魄。

这主持第一次大公会议的人子，康斯坦丁，可能胜任做皇帝，但他对基督徒神学的认识相当的肤浅。这人子在使徒教会里只配做初学者。事实上直到他躺在他临终的床上，他还未接受过洗礼。这使我深信康斯坦丁从未经历约翰福音3章5节所讲的重生。而他恰好对为满足人子肉欲设立的人造基督教的形成起了关键作用。

在第一次大公会议后不到一年，教/皇帝康斯坦丁便处决了他自己的大儿子因为谣言传他的大儿子与他的二太太浮丝潜(Fausta)有染。事后，康斯坦丁的母亲告诉他事实上是浮丝潜想让她自己的儿子继承皇位。这位追捧三位一体教义的皇帝接着处死了造谣的二太浮丝潜。康斯坦丁皇帝显然没有经历从水和灵里的重生成为神子。

记住在那时的罗马帝国,如同它的前身罗马共和国与罗马王国,人们普遍地把皇帝当作神一样地赞颂。假如任何人或天使成了神子,那么他们一定是由圣灵生的。救世主耶稣对所有皇帝的信息都一样:"你必须重生。"

来自凯撒利亚的欧西比乌斯·潘菲利(Eusebius Pamphylia)在公元314年成了凯撒利亚·巴勒斯丁(Caesarea Palestina)的主教,他常被认作教会历史之父。他过着奢华的生活。倚赖着皇帝康斯坦丁一世当靠山,他在办理公元325年的第一次尼加会议时有卓越的表现。欧西比乌斯主教记述了在第一次大公会议上康斯坦丁一世被捧上神坛的不可一世的出场:"康斯坦丁披上了闪烁着耀眼宝石与金沙的架裟,像天使般地在大会中穿梭。"

既然罗马的皇帝被神化了,他们长期捏着基督教会的权柄不放就变得容易理解了!

尽管被纳入教会的康斯坦丁一世给教会带来了一闪即逝的希望，但这很快就成了使徒教会苦多乐少的经历。

带有多神论的康斯坦丁一世赞同三位一体论；然而由于后来被逼入地下教会的神子们的坚决反对，这三位一体论在第一次大公会议中未能被通过成为教义。三位一体论终于于公元381年举行的第二次大公会议上得以通过变成与圣经等同的教义。

  皇帝塞尔多西斯一世在康斯坦丁堡主持召开了第一次康斯坦丁堡普世会议要解决对三位一体论的争议。
塞尔多西斯一世不但收纳三位一体论为教条，而且还在公元381年把它变作罗马帝国的民事法：
"三位一体是国家的信仰，而所有帝国的臣民必须依从它。"

  塞尔多西斯一世不仅是皇帝也是教皇。这政教合一的行政体系延续了一千五百年。这体系不仅存在于罗马帝国，也施行于十八，十九世纪教宗统治的年头。

当这三位一体的教条被弄作民法，质疑和反对教义的人都会被当作异端处死。罗马帝国对不接受这教义的人只有零容忍。

耶稣宝血洁净的有圣灵同在的使徒教会再次被逼入地下成了非法教会。这次使徒教会的非法性延续了不是三百年而是许多个世纪（超出了一千年）。

　　当神子们带领的具有使徒行传2章38节信念的使徒教会隐入地下，这由人子带领的人造基督教在罗马皇帝的声威之下迅速蔓延。

　　在公元2016年，这么一个人造基督教会要得着救恩的话，它的所有信徒都必须从水里与灵里重生。
就像别的神子重生的经历一样，
这重生的经历会让他们知道谁才是救世主耶稣。真理仍然是："你们必须在水里与灵里重生"。

　　尽管多神论的异教徒一早就有，直到如今仍存的人造基督教的诞生是由皇帝塞尔多西斯一世在公元381年起动。这三位一体教义就是人子的基督教会与神子的使徒教会的分水岭。尽管这使徒教会被逼迫超过千年，但它仍被神受钉的手遮盖。

在公元七世纪前,这个人造的基督教会已给自身添加了7个与圣经地位同等的教条,并且每一教义都对圣经添加或修剪。我们现在面对需要一个理智的答案的问题:这些教条的作者是那些经历了水里与灵里重生的神子吗?

我把公元七世纪前人造基督教所立的七个教条列举如下:

1。 古罗马信经

2。 使徒信经

3。 尼西亚信经

4。 康斯坦丁信经

5。 耶路撒冷信经

6。 迦克墩信经

7。 阿塔拿修斯信经

为了方便起见,我将在这重述第一与第七条信经。

在康斯坦丁一世掌权前就有了的古罗马信经对三位一体论只字未提，但这有当时皇帝过目审核的阿塔拿修斯信经完完全全鼓吹三位一体论，其目的就是让人相信没有三位一体信仰的人不被救赎！

在阿塔拿修斯信经出现后，相信亚伯拉罕独一(一位一体)真神在罗马帝国就成了异端的信仰因为它抵触政教合一的帝国的教义。

简言之，第一条古罗马信经解释了神的工作。
它并不触及后来的三位一体论。全文如下："我相信全能的天父；我信父的唯一子，我们的主耶稣基督。他因圣灵降孕童女玛利亚诞生。他在彼拉多执政时被钉在十字架上蒙难。死而被葬。在葬后的第三天从死里复活并升上天坐在天父的右手边。到时,他要从天上降下审判所有生者和死者。我信圣灵,圣洁的教会，罪与过犯的赦免，肉身复活了的永生。"

当三位一体教义成了民法后，乍看起来教会里的首牧会要讨好皇帝的心愿。摆在这些牧者面前的只有两条路：一是与肉身的人子为伍，另一是与不被帝国接受的神子们走入地下。

现在你即将看到在最有权势的帝国的皇帝监控中，由人子们于公元六世纪所作的繁琐的阿塔拿修斯信经。 全文如下：

"凡人欲得救，首先当持守大公教会信仰。此信仰，凡守之不全不正者，必永遠沉沦。大公教会信仰即：我等敬拜一体三位，而三位一体之神。其位不紊，其体不分。父一位，子一位，圣灵亦一位。然而父子圣灵同一神性，同一荣耀，亦同一永恒之尊严。父如何，子如何，圣灵亦如何。父不受造，子不受造，圣灵亦不受造。父无限，子无限，圣灵亦无限。父永恒，子永恒，圣灵亦永恒。非三永恒者，乃一永恒者。亦非三不受造者，非三无限者，乃一不受造者，一无限者。如是，父全能，子全能，圣灵亦全能。然而，非三全能者，乃一全能者。如是，父是神，子是神，圣灵亦是神。然而，非三神，乃一神。如是，父是主，子是主，圣灵亦是主。然而，非三主，乃一主。依基督真道，我等不得不认三位均为神，均为主。依大公教，我等亦不得谓神有三，亦不得谓主有三。父非由谁作成：既非受造，亦非受生。子独

由于父：非作成，亦非受造；而为受生。圣灵由于父与子：既非作成，亦非受造，亦非受生；而為发

出。如是，有一父，非三父，有一子，非三子，有一圣灵，非三

圣灵。且此三位无分先后，无别尊卑。三位乃均永恒，而同等。由是如前所言，我等当敬拜一体三位，而三位一体之神。所以凡欲得救者，必如是而思三位一体之神。再者，为求得永恒救赎，彼亦必笃信我等之主耶稣基督成为

人身。依真正信仰，我等信认神之子我等之主耶稣基督，为神，又

为人。其为神，與圣父同体，受生于诸世界之先；其为人，与其母

同体，诞生于此世界。全神，亦全人，具有理性之灵，血肉之身。依其为神，与父同等，依其为人，少逊于父。彼虽为神，亦为人，然非为二，乃为一基督。彼为一，非由于变神为血肉，乃由于使其人性进入于神。合为一；非由二性相混，乃由位格为一。如灵與身成为一人，神与人成为一基督。彼为救我等而受难，降至阴间，第三日從死复活。升天，坐于全能神父之右。将来必从彼处降临，审判活人死人。彼降临時，万人必具身

体复活；并供认所行之事。行善者必入永生，作恶者必入永火。此乃大公教会信仰，人除非笃实相信，必不能得救。"

当我研读阿塔拿修斯信经时，我仍是一个罗马天主教徒不是有圣灵的使徒，我常坐在椅子上陷入沉思。
我在想人子在作这三位一体信经的上花了大量世间目的是让人接受这教义，但这些人子他们自己事实上不理解也不相信这个教义。

当教皇博尼费斯七世到罗马就职时，为了保持天主教的内部团结和它在俗世的统治地位，他在公元1302年签署了"教会圣谕（法令）"。
这圣谕明确指出"（任何）人只有顺服教皇才能被拯救"。

我今天要给教皇博尼费斯和现任教皇的信息是："罗马天主教所发的圣谕并不是神的话。人造基督教是注定在末世的终点消逝。任何人在这时都不需教皇。人在末世的末了需要的是使徒行传所述的从水里与灵里重生。人仍要悔改。人仍要接受呼叫耶稣基督的名并且完全没入水中的洗礼。人仍需要在洗礼后讲出方言。我们必须依靠神子们所著的圣经。

到底在公元二至六或七世纪之间发生了什么事？
去天堂的钥匙从彼得的手中转放到罗马皇帝的手中，再从罗马皇帝的手中传到天主教的罗马教皇和阿维尼翁教皇的手里。

让我们再查看三一（三位一体）教义。"三一颂"这字来自希腊文，原指"荣耀"，但被用来称颂在一体中的三个位格。
这是一个中世纪设立的以一封伪造的圣•杰罗姆的书信为依据的传统（参考本笃会的圣•杰罗姆的信札第415页）。这封信上说在公元四世纪，主教大马色斯引入了"圣三荣耀经"；即是，荣耀归于父，荣耀归于子，荣耀归于圣灵。

那位杜撰被人子教会拥抱的三位一体论正是昆图斯•塞普提默斯•佛罗伦斯•特土良那斯。这位活在公元二/三世纪的"神学家"在历史上被简称为特土良。

特土良不仅对他人灌输三位一体论并且传授他人灵魂遗传论，要让人相信人的灵魂是从父母来的不是从神来的。

特土良的训戒与有名望的如苏格拉底或帕拉图那样的希腊哲学家所作的相矛盾。他指责哲学家阿里斯多德是异教的老祖宗。特土良最后被逐出教会。神在以赛亚书43章10至11节是这么告诫他的选民：

"耶和华说，你们是我的见证，我所拣选的仆人。既是这样，便可以知道，且信服我，又明白我就是耶和华，在我以前没有真神，在我以后也必没有。
惟有我是耶和华，除我以外没有救主。"
（译者：耶和华，救主，真神都是同一个"我"，因而耶和华就是一位一体的神。）

三位一体教义是罗马帝国里部分使徒与帝国皇权妥协的产物。
我这么说并不是出于报复的心态,而是我千真万确知道我过去走错了路（译者：这条错路指的是那条导致灭亡的与宽门衔接的大路）。

我们必须在反省中变得聪明。我们不能对原则的理解基于"我认为"
或"我理解"。
要成为一个神子，一个人必不能缺少真诚和渴望。真诚和渴望是人来到神跟前悔改必需的两要素。

我们必须提醒大家不是神或神子对神格（性）模糊不清。事实上是那些人造基督教里的人子对神格与神的权柄想不清楚。

神能把他的真理对那些不诚实追求他的人隐藏吗？他能隐藏他的真身份吗？是的，神能够。

这正如路加福音10章21节所述："正当那时，耶稣被圣灵感动就欢乐，说，父阿，天地的主，我感谢你，因为你将这些事，向聪明通达人就藏起来，向婴孩就显出来。父阿，是的，因为你的美意本是如此职。"

　　申命记6章4节说："以色列阿，你要听。耶和华我们神是独一的主。"

申命记6章4节这段话绝对并直接否定了三位一体的基督教的教义。

相信神本性里有三个位格是亵渎神的！

第四章：回归他的独一教会

当我在神学院念书时，我能诚实地说那时我一丝不苟治学是为了将来做一位无私的教士。无论付出多大代价，我们决不能诅咒那些未通过圣灵的力量而认识到神的人。那时我还未认识使徒教会的神子，所以没有人指示我那条永生的路。然而，我在寻求真理的路上摔到并不是偶然。我深信我被圣灵之光引导领悟了真理走出了幽暗的灵界。

救赎并不从神开始，但神会走近那些渴望寻求他的人。救恩是神赐给那些对他有饥渴心的罪人。

我无条件地相信神子们自发的出自内心的替他人祷告的力量！

在过去的某个黄昏，当我翻阅天主教的祷告小本子崇拜童女马利亚时，我感觉某人在某地正为我祷告。然而那时与人造教会为伍的我不能理解为什么我会有这样的感觉。我那时仍认为宗教仪式重要，热衷人为的宗教传统和传统的赞美方式。我那时并不知有圣灵也未感觉到神的存在，但相信自己在神的意愿里。在我每天专心与神独处的时间里，我诚实地向那些中世纪的"圣人"祷告。我现在知道他们听不见我的声音也不会回答我的祷告。让我现在暂且拐个弯，谈一谈天主教会给耶稣母亲的"天堂皇后"的名号。

我们必须提醒那些饥渴地追求真理的人隐蔽在亵渎神的神学里的陷阱。

在耶利米书中，神警告以色列民族崇拜其他宗教偶像的危险。在那时，神指的不是耶稣的母亲，他指的是犹太民族在自己家里崇拜的那一堆对这民族的痛苦的哭叫不回应的偶像。
耶利米书7章18节有这样的记述：
"孩子捡柴，父亲烧火，妇女抟面作饼，献给天后，又向别神浇奠祭，惹我发怒。"

"天堂皇后"事实上是献给若干个古老宗教里的女神们的称号，这一称呼在许多邪教里也用。在当今世上,这对马利亚的称呼仍然流行。

路奇乌斯（Lucius）·阿普列乌斯

(Apuleius）是一位活于公元前124

170年的周游列国的拉丁散文家。他在雅典学哲学。他最出名的作品是《金驴》。在这书的第二卷第47章，它的主人翁向"天堂皇后"祷告。在罗马梵蒂冈的使徒图书馆里仍保存着一幅公元1345年路奇乌斯变回人形的画。这画里讲了这么一个故事："路奇乌斯在夜游中突然惊醒。想到他命运中注定的折磨，他为了洁净自己七次跳进海里。然后他以他人用过的各种"天堂皇后"称号向她祷告求她让他能变回人形。这"天堂皇后"在他的幻觉中出现并指点他回复人形之法。第二天，路奇乌斯吃了一个祭司拿着的玫瑰花冠恢复了人形成了"天堂皇后"的祭司。

1998年1月24日，教皇约翰·保罗二世亲自给一塑像带上冠冕，称它为马利亚－耶稣之母，"古巴的皇后"。成千上万的天主教徒排长龙去亲吻这塑像的脚。

在罗马天主教的马利亚神学中，耶稣的母亲被当作神的母亲。所以每个人灵性上的洁净最终都要通过她。根据这一教条，马利亚与耶稣基督在拯救世人中同起作用。罗马天主教坚信"天堂皇后"马利亚和的她儿子耶稣基督为所有世人赎了罪。

在公元431年在以弗所由皇帝迪奥多西斯二世召开的第三次大公会议上马利亚被冠以"圣（神）母"的称号。皇帝迪奥多西斯二世是皇帝迪奥多西斯一世的孙子。
皇帝迪奥多西斯一世就是将三位一体论变成天主教教义与罗马民法的皇帝。

在公元1854年，教皇庇尔斯九世宣布马利亚，作为耶稣的母亲，在她生前也未沾上人的罪。

在公元1950年，教皇庇尔斯十二世宣布马利亚，以教皇的权柄，宣称马利亚在离世时像义人伊诺克和先知以利亚一样被直接提到天上。

当我在读神学院的时候，我毫不犹豫地向"天堂皇后"祷告。我这样的祷告就像在2700年前的耶利米时代向众多的偶像祷告一样，难道不惹神的愤怒吗？

童女马利亚从来不是，也决不想要成为，并且将来也不是人类与神之间的中保。

她自己内心里非常清楚听到以赛亚先知

所讲的:"唯有神自己才是人类的救世主。"

以赛亚书43章11节是这么写的:"惟有我是耶和华,除我以外没有救主。"

谁能负责教导那些饥渴的灵魂替死人的祷告?谁能为那些向死人祷告的灵魂负责?在这俗世里,绝对没有任何人被赋予更改神的话的权柄。

我看到了摆在我们每个人面前的选择。我们要像神子那样永远活着还是要像人子那样暂且活着但接着永远消逝?我本人一定选择靠着神的恩典像神子那么活着。

没有任何人邀请我去使徒教会,然而在过去的某一天,我发现了我自己回应了圣灵的邀请。那天早上,我走在去圣·托马斯·阿奎那罗马天主教堂的路上打算去做礼拜弥撒,但很奇怪,我后来发现自己却坐在使徒教会的最后一排长凳上。神把我带到了他的教会。那时我真不知道自己在这教会里做啥,寻求什么,但我意识到是圣灵把我带到这里。

当我见到教堂里没有什么塑像,我才发现自己勉强算在教会的门内。后来,我才知道教会里不需人造的偶像，神要的是人在灵和真理里面赞美他。

第二件在这使徒教会我注意到的事情是讲台上并没有祭坛。我相信在圣灵的作用下薄饼与酒能变作救世主的圣体的血和肉。

充分意识到宗教给人带来的灵里的不安与摇摆的意念，不无戏剧性地，我谨慎并全心地寻求一个挣脱这个困境的时机。

在我耳边回响着神子们在那星期天早上的第一首歌："耶稣正向我们走过来"。尽管那时我还不了解我四周所发生的一切，但这美丽动人的歌曲给了我一个清楚的信息。歌词是："耶稣正向我们走过来，他将拯救，他将医治，只要你信他就行。"

主耶稣不仅给我回去天家完全的指向，并且亲自把我带到他走的路上直到我到达他教会的大门。这教会就是我经历了灵性上的暴风雨之后避难之地。在进门前的一刻，我的内心仍在争战，在我边上的邪灵仍想阻挡我进入这圣所。

然而，当我匆匆站起来要解释我真实地觉察到的圣灵，我感知到神的兴奋完全浸没了我的灵魂。这是我生命中的第一次接受了圣灵。我有这么荣幸与别的圣徒一起感知神的荣耀。当我仍在感知圣灵的惊愕中，我已被所有生命的主注视（译者：参看民数论6章26节）。

我常思考独一真神的信者 G.T. 海伍德牧师写的一段话："我看到一条红色的血溪，从各各他流出，这抵达他宝座的血浪盖过了我。"

那天我看到了圣徒们毫不费力向他施恩的宝座举起双手赞美主。我不在念天主教的玫瑰经，也不再给某中世纪的圣徒对话。我求神让我也能像四周的信徒那样举起双手，我也要成为一个神子。

那个星期天早上，我并不是去看热闹。我去求神的手触摸我。当圣徒们鼓掌时，他们的掌声是献给神的，并且只献给神。

我很快意识到神的殿不是戏院，圣徒们也不是艺人，并且教会的设置也不是荷李活电影的布景。我理解到要让天父欢喜，我们神子所做的必须与那些和人子们打成一片的娱乐业或人造基督教会分开。

我感到眼泪模糊了我的视觉，然后情不自禁地流下了眼泪。孤独地站着但并不孤独，我站在"他"面前哭了。这是我在人生里最受感动的经历，因为在那一刻我见到他的真光照到我无法想象的幽暗的深处。

这使徒教会正是人造基督教阻止我去的圣所。那么，曾是一位天主教神职人员的我能经历重生吗？
噢，当然能！我经历了从水里与灵里的重生！

在这之前，我一直带着诚心与智力尽我所学勤奋地去事奉神。在先前的岁月里，我并不知道我试图以人子并不是神子的身份去侍奉神。在那个特别的礼拜天早上，主的救恩，如同沙仑的玫瑰花，轻轻地临到我。那个早上，当我醒来，我绝对没有想到我会入住他圣洁的百合花谷（译者：参看雅歌2章1节）。

一位牧者在那时来到我在众多陌生人中的位置。不知道我是谁，从哪来，这牧者问我是否要走近祭坛。我同意了。我明显被四周给我祷告的神子感动了。

我们并不要求人很快接受洗礼因为人祭坛前需要走过一个洁净的程序。接受救恩的第一步是悔改，人在悔改中得着沁心的欢乐。

　　这神子让我跪在神的祭坛前。当我双膝接触地板时，我不是跪在天主教的有有限生命教士的忏悔箱前，而是跪在最高祭司，万王之王，万主之主之前。

我在神面前悔改，并且相信他饶恕我的罪因为我知道他只有他能饶恕他人的罪。接着，周围的神子告诉我我需要一个以耶稣基督的名的浸水礼。我问为什么要以耶稣基督的名接受洗礼。这些奇妙的神子们很快以使徒行传4章12节的话回答我："除他以外，别无拯救。因为在天下人间，没有赐下别的名，我们可以靠着得救。"

　　我当时就接受了以耶稣基督的名的洗礼，并在出乎预料的一瞬，他应许降到我身上。当我举起双手赞美他的时候，他让圣灵充满了我。就在我命中这个特别的礼拜天早上，我在圣灵作用下讲出方言。

撒旦那天从后门悄悄溜走了。那天，我作为一个没有神应许的人子走进了教堂但作为一个带着神应许的的神子走出了教堂。约翰福音4章23与24节说："时候将到，如今就是了，那真正拜父的，要用心灵和诚实拜他，因为父要这样的人拜他。神是个灵，所以拜他的，必须用心灵和诚实拜他。"

我至今在"有夫之妇地"行走了45年（译者:参看以赛亚书62章4节）并且老实说我还未回头看那由人子带领的人造基督教会。

神从未改变，绝没有，这死亡的权柄从未胜过他的经过他的血洗礼的教会。
现在教会的使徒们都有午夜黑云将至的同感。作为神子，我们必须继续遵循他的真道，不要像那些对仪式与形式墨守成规的人造基督教的人子。我们有一个史无前例的机会，不仅把神的道传给在俗世里不信耶稣的众生，也要把他的道传给那些在人造教会里渴求神的人。

巍然屹立的仍是他的独一教会（译者：参看马太福音16章18节）。存在的仍是他的教义和他的教会。这教会仍由经历了与二千年前五旬节那天一样的重生的神子带领。

在那老式的使徒祭坛前，我接受了我要过一个得胜生活所需的，还有他的让我在地上能有幸福并且在将来某一天能提升我到天国的大能。

www.ingramcontent.com/pod-product-compliance
Lightning Source LLC
Chambersburg PA
CBHW070113080526
44586CB00013B/1280